平川敬治

民族学・考古学の目で感じる世界

――イスラエルの自然、人、遺跡、宗教――

鳥影社

はじめに

一般にイスラエルと言ったら、どのようなことを連想するだろうか。四六時中、頭上にはミサイルが飛び交い爆弾テロも発生する。また、パレスティナ問題も抱え、相争う民族紛争が絶え間なく、周辺諸国と始終揉め事を起こしているきな臭い国というのが大方のイメージではなかろうか。この地域こそはまさに世界の縮図で言わばヘソなのである。

私は機会あって、一九八三年からしばしばこの地域を訪れているが、早いものでかれこれ四〇年近くの長いお付き合いになっている。一九九〇年の夏からはガリラヤ湖畔にあるエン・ゲブ遺跡の発掘調査にも従事してきた。九〇年の調査中にはイラクによるクウェート侵攻も起きたが、様々なことをあらためて考えさせられた年ともなった。

歴史的にはこの地域はナイル川に栄えた古代エジプト、ティグリス・ユーフラテス川の古代メソポタミア文明と大文明に挟まれた陸橋、中間地にあたり、以後、多くの文明が交差し、諸民族が錯綜し、ギリシア文明、ヘレニズム文明、古代ローマ文明の洗礼も受けた。

宗教的にも、ユダヤ教から始まる一神教が誕生した地であり、よく考えなくてもイエスが誕生し、活動し、十字架上の死を迎えた地はヨーロッパではなくここだ。

そのイエスを救世主キリストと考えるキリスト教が生まれ、ヨーロッパ世界に拡がっていき、大きな精神的なバックボーンとなる。ヨーロッパにおける芸術を含めた文化活動はユダヤ教、キリスト教抜きには話が始まらない。

そして、広大な砂漠が広がるアラビア半島で生まれたムハンマドによってイスラムが誕生し、またたく間に席巻していった。今日でもイスラエルを除けば、古代文明を築き上げたエジプト、イラクをはじめ周囲の国々に暮らす大部分はイスラム教徒が多い。

この地はイギリスが触手を伸ばす以前、第一次大戦までは長らくイスタンブールを首都とするオスマン・トルコの支配下にあった。ユダヤ教徒、キリスト教徒、イスラム教徒は共存しながら暮らしていたが、激しい宗教的対立を持ち込んだのは近代のことで、ヨーロッパの植民地化によって起きた。

私も足を踏み込んで初めて気づいたことが実に多い。もちろん、紛争地域はあるが、治安は基本的には良いし、思ったよりも平穏なことにビックリする人も多いはずだ。ユダヤ、パレスティナ、アラブ、ユダヤ教、キリスト教、イスラムなど国、宗教、民族など歴史と文化の様々なことが見える。「百聞は一見にしかず」という言葉が理解できる。

実際に足を運ぶと国土面積は日本の四国ほどの大きさなのに、風景がとても雄大なことに驚くのではなかろうか。その自然が人を育み文化を生みだしていくのだが、その後の世界に与えた影響はこの地域の自然と同じように大きいことを改めて感じさせられる。

自然と同様に人間も実に多様なのがこの地の特徴だろう。人が行き交い様々な文化が交差しており、興味は尽きない。

ここでの話は民族学的な、あるいは考古学的な専門書ではなく、副題にイスラエルとしているが、イスラエルとパレスティナの政治的な問題に関するものでもない。土地とそこに暮らす人々との語らいと感じて貰え、興味を持たれたら幸いだ。

目次

Ⅲ章　イスラエル探訪　79

Ⅳ章　アブラハムの神は語る――エルサレムをめぐる　141

ヨーロッパ
地中海
アジア
アフリカ
レバノン
ダン
アッコ
ハイファ
ガリラヤ湖
ティベリア
エン・ゲブ
ナザレ
シリア
メギド
地中海
カイサリア
ベトシャン
テル・アヴィヴ
エリコ
アンマン
クムラン
エルサレム
ベツレヘム
死海
ガザ
ヨルダン
マサダ
アラッド
エジプト
アカバ湾

Ⅰ章 イスラエルへの道

(1)　イスラエルへ

二〇一八年五月で建国七〇周年を迎えたのがイスラエルという国である。場所は地中海の東、エジプトの北でトルコの南、ちょうどアフリカ大陸とユーラシア大陸との接点にあり、形を見ても人が行き交う廻廊にあたる地域である。アフリカで生まれた私たち人類の遠い祖先も、この地を通って世界に拡がっていった。

だが行くにあたっては日本からの直行便はなく、イスラエルと国交のないアラブ諸国の飛行機も使えない。一般的にはアムステルダム、フランクフルト、ローマ、ロンドン、パリ、もしくはカイロ、イスタンブール経由となり、けっこうな時間がかかった。

周辺諸国はイスラム教徒が多い国だが、それでもトルコ共和国、ヨルダン王国、エジプトとイスラエルは国交を結んでいる。最も楽であったのはトルコのイスタンブール経由で、これだとここから二時間ほどで行ける。

だが、韓国の空の玄関仁川《インチョン》空港からは、同じくイスラエルの玄関テル・アヴィヴ郊外のロッドにあるベングリオン空港との間に大韓航空の直行便が就航し始め、これを利用するのが便利となった。私の住む福岡からだと、仁川へは東京に行くよりも遥かに近いし、利便性も高い。仁川からだと乗り換える必要もなくその日の内に到着できるし、帰国するときも現地は深夜発なので時間を有効に利用できる。

日本では韓国は儒教の国と思っている人が多いかもしれないが、国民の実に五〇パーセントがキリスト教徒の国でもある。その他に、イスラエルが医療技術などを含めた先端技術の発信地でもあり、そうした需要もあろう。また、日本からの直行便がないので日本人客の利用も比較的多く、一般観光客というよりもキリスト教関係、あるいはＩＴ関係のエンジニアの姿も目立つ。

私が初めてイスラエルを訪れた四〇年ほど前になる一九八三年、ヨーロッパへの国際線を運行していた日本航空も、既にアラスカのアンカレッジ経由の北廻り便が主流だったが、同時に南廻りのヨーロッパ便も運行していたのでこれを利用した。

これを利用すると、最終目的地はイタリアのローマだが、タイのバンコク、インドのニューデリー、クウェート、乗り継ぎ地となるエジプトカイロと経由していた。

途中、インドを横切っているときはヒマラヤ上空で横に走る稲光を見たし、ペルシャ湾上空では油田の炎も見えた。深夜になったクウェートは上空から見ても宝石を散りばめたような照明が輝いていたのも印象的だし、初めて見た真っ白な「カンドゥーラ」と呼ぶ民族衣装も新鮮であった。

乗り継ぎ地カイロは砂漠の砂が舞い上がったような土色をしている。ピラミッドに代表されるような古代エジプト文明の地だが、アフリカの入口でもある。空港には今まで見たこともない多様なる人々、様々なカラフルな原色の服を身にまとった人々が行き交い、圧倒されてしまった。文明の交差する地だということを体感的にも理解できた。

カイロ空港で驚きのトランジットをし、今度はシナイ航空でイスラエルへと向かった。

シナイ航空はエジプト航空の子会社である。エジプトのサダト大統領（一九一八〜一九八一）とイスラエルのベギン首相（一九一三〜一九九二）が署名し、二国間での平和条約が一九七九年三月に締結され、イスラエルが占領していたシナイ半島もエジプトに返還されて国交が結ばれた。その際、エジプト側の乗り入れ会社として設立されたのが、シナイ航空だった。

機内に入ると、座席の頑丈そうなシートベルトがとても目立ったが、カイロを後にして轟音と共に飛び上がった飛行機は、それが絶対に不可欠と思えるような飛行であった。急上昇に急旋回、ミサイル、戦闘機でも避けているのではと勘ぐれるようだし、パイロットは「いつもは戦闘機に乗っていたのか」と思わせるのに十分なものであった。

心配とは裏腹に飛行機は次第に高度を落として着陸態勢に入り、ベングリオン空港に車輪が着いた。その途端、客席から割れんばかりの拍手の嵐が巻き起こった。

拍手は危険な飛行でさぞや乗客が肝を冷やし、無事に着陸した結果だろうと勘ぐったのだったが、そうではない。イスラエルの聖なる大地に着くと、乗客は拍手するのがふつうである。聖なる土地に帰ってきたということだろうが、私はこのとき初めて知った。中には、タラップを降りて地面に足が着くや、そのまま大地にキスをする人もいる。

世紀が変わろうとする二〇年ほど前、「空飛ぶ教皇」の異名をとった教皇ヨハネパウロ二世は念願であったこの地の訪問を果たした。飛行機が到着し、タラップが伸びてそこを降りるとタラップ下の大地にまずキスをしていた映像が流れていたが、その通りである。

今は新ターミナルが完成し、飛行機から直接ターミナルへ入るので、タラップから大地に降りることもなくなったので昔話となった。

(2) イスラエル出入国事情

イスラエルへ入国するにあたって三カ月以内の旅行の場合ビザは要らないが、出入国の手続きは他の国と少し事情が違う。

乗り継ぎで他の国へ入国せずイスラエル行きの飛行機に乗る場合も、荷物はスルーだが、係員によってチェックを受けるのがふつうだ。また、一旦、荷物共々経由地で降り、改めて飛行機に搭乗する場合は、出国する時とまったく同じような厳しいチェックが待っている。これはイスラエルの置かれた状況を考えれば、やむを得ないかもしれない。

こうした事情があるので早めに空港へ行く必要がある。三時間以上を考えていたい。だが、乗せないというわけではないので、出入国するための試練と考えたら良いだろう。

出国する場合では、まずカウンターの前の机で係員から一対一のセキュリティチェックを受ける。係員がいてパスポートとチケットを見せ、待つ。

そうすると別の係員がやってきて、どのような目的でどこにいったのか、誰かに会わなかったのか、プレゼントは貰わなかったか、イスラエルに知り合いはいないのか、誰からか荷物を預かってはいないかと聞く。早口の英語で立て続けに問い、こちらがちょっとでも言いよどんだりすると、すかさず「フランス語、ドイツ語にしましょうか」と言う。

ただ、これも年によってまた人によって対応が違うときもしばしばある。日本人と分かると、日本語の質問票をもってきて指差しながらのときもあった。また若くて男性一人の場合は警戒され、不審がられる傾向があり厳しいが、男女のカップル、家族連れは対応も比較的短い。過去におけるテロリストのデータから判断しているようだ。

そうして最後に荷物に関しての検査が待っている。ここまで来るとチェックも終了間近となり、緊張がほぐれてリラックスモードになり、気持ちの余裕も出てくる。

荷物検査では、どこで荷造りをしたのか、自分がしっかりと監視していたのか、手元から離すことはなかったか、銃だとか爆弾は入れていないか聞く。こうした問いかけだけで中身を見ないこともある。

私の経験上は、サムソナイトなどの鍵の掛かる旅行用のバッグなどは案外開けないが、リュックサックなどは開封されることが多いようだ。開けやすいので後から爆弾その他を入れやすいということになるのだろう。サンダルはなぜか再検査されることが多い。

セキュリティチェックが終わると、今度は日本のコンパクトなトランクを通すものとは違い、長さ一〇㍍はあろうかと思うような、まるで工場の工作機械のような巨大なエックス線装置に荷物を流していく。ここで問題があったら、その先にあるカウンターで係員による質問を受け、荷物を開けられて尋ねられ、再び検査となることもある。

やっとセキュリティチェックが納得すると、シールをチケット、荷物、それからパスポートにペタペタと貼って終了し、搭乗予定の航空会社のチェックインカウンターに向える。

ここからは通常通り、出入国管理官にパスポートを掲示して通り抜け、手荷物をエックス線装置に流したら、はれて免税店が並ぶ出発フロアにたどり着ける。

どこの空港でも飛行機に搭乗するまでが大変だが、イスラエルではその感がひとしおである。暑い国というのもあるが、汗をビッショリとかいてしまう。

だが、出入国手続きにしても私が基本的に個人で入国、出国しているから激しいのであって、団体の観光ツアーではそこまで厳しいことはない。ガイド付きの場合は、コースを動くわけだから、個人に比べ危険性がないと判断しているのかもしれない。

こうした飛行機に搭乗する際のセキュリティチェックに引き替え、入国審査は一般的には極めて簡単だ。窓口に並び、係員による二、三の質問はあるもののスタンプをポンと押してOKとなる。ここさえ抜ければ税関検査も無いに等しく、少なくともパスポートを絶対に出し、荷物を開けられずとも必ず面談をする日本よりはるかに簡単だ。

ただ、気をつけなければならないことがある。イスラエルの出入国記録、具体的には出入国スタンプがあると、周辺諸国ではエジプト、トルコ、ヨルダンを除いてはイランなどの他、この地域の大半のアラブ諸国には残念ながら入国できない。これらの国々はイスラエルの建国を認めてはいないからである。

イスラエルもその点を考慮し、「スタンプを押さないでください」と言ったら、パスポートではなく別紙に入国スタンプを押してくれる。出国時には再びこの別紙に出国スタンプを押した後、回収する。結果、パスポートには出入の記載記録は残らないことになる。アラブ諸国に行く機会のある人は気をつけ、必ずそうしないといけない。

どうしてなのかというと、イスラエルは国家なので、アラブ諸国のスタンプがあっても入国は認めるという趣旨なのだ。

だからと言って、アラブ諸国のスタンプがあるパスポートを「ノースタンププリーズ」と言って何のためらいもなく出した場合、係官が快く思っているかどうかは別の問題だ。本音は苦虫を噛みしめているかもしれない。とある人は「ノースタンプ」と係員に言ったものの、聞き入れられずにパスポートに思いきりバーンと押されてしまった。

二〇一三年一月以降空港から入国する場合、スタンプは入国カードだけになり、パスポートは免除されているが、パスポートに押す権利は個別の入国管理官に任されている。心証が良くないと押されるし、陸路の場合は従来通りとなっている。

二〇二〇年、湾岸諸国と緊張のあるイランとの関係で、アラブ首長国連邦などアラブ系の湾岸諸国とも国交が結ばれるということになった。少しアラブ諸国入国制限が緩和されたが、その他の国に行く場合は注意が必要である。

こうした関門があるが、それでもこの地を訪れるのはとても魅力的である。

Ⅱ章

ガリラヤ湖畔の遺跡エン・ゲブ

Ⅱ章　ガリラヤ湖畔の遺跡エン・ゲブ

ガリラヤ湖とエン・ゲブ遺跡

(1)　楽しき発掘

1　ガリラヤ湖をめぐって

今日の国家としてのイスラエルは、一神教で民族宗教であるユダヤ教を信仰するユダヤ人の祖先の地、神から約束された地に帰ろうというシオニズム運動によって、第二次世界大戦後の一九四八年に建国された新しい国である。民族としては長く古い歴史を持つが、国家としての歴史は決して長いわけではない。

イスラエルとは「神に勝った」という意味を持つ。民族の父祖と考えられているアブラハムの孫であるヤコブが神と取っ組み合いをして勝ち、これから「イスラエル」と呼ぶようになったと旧約聖書の中に記載されている。民族統合としてのイスラエルの民であった。

その後はダビデ・ソロモン王による統一王国を経て南ユダ王国と分かれた分裂王国時代に北イスラエル王国と名を残すが、北イスラエルは東に出現した強大なアッシリア帝国によって前八七六年に滅亡してしまった。この話は紀元前の話である。

以後、国家としてのイスラエルという名の復活は現代イスラエルの建国まで待たなければならなかった。

またユダヤ人、ヘブライ人という言い方もある。古い言葉としてヘブライ人とあるが、ヘブライとは「川向こうユーフラテス川から来た人」という意味で、そもそも土着の人ではないということで他称である。

最も知られるユダヤとはイスラエル南部のユダ部族から出た言葉で、イスラエル統一を果たしたダビデ王の出身部族である。後、北イスラエルの王国滅亡後はイスラエルが消えたため、ユダヤが代表するようになった。ただし、今の共通語はユダヤ語とは言わず、ヘブライ語が正式名となっている。

それ以前もその後も民族としては様々な経緯があるが、七〇年の古代ローマ時代の反乱によってエルサレムを追放されて、世界中に散らばっていったとされている。

ユダヤ人とは今日では宗教的にはユダヤ教を信じる人々のことである。それぞれ複雑な歴

山上垂訓の教会

史はあるが、そのように考えるのが最も理解しやすいであろう。

そのイスラエル北東部に位置し、東にシリアへと続くゴラン高原を臨み、雨の降る春に訪れると一面に美しい野の花が咲きみだれるのがガリラヤ地方だ。酷暑の夏になると花もまたたく間にドライフラワーになってしまうが、春の季節は聖書にある「緑したたるガリラヤの地」の名に相応しくとても美しい。

そこに、地域に暮らす人々にとっては貴重な淡水を湛えているガリラヤ湖がある。

湖の形がキノール（竪琴）に似ており、ヘブライ語で「キネレット」とも呼ばれる。アジアからアフリカにかけて南北に伸びた大地溝帯にあって、湖面は地中海よりもはるかに低く湖の上でマイナス二〇〇メートルにもなる。

北端と南端は聖書に知られるヨルダン川が流出入する。

西からガリラヤ湖畔に近づいていくと、大きな溝になっている地域の地形が分かるし、ガリラヤ湖に降りて行く道の途中で地中海の海面の位置を示す看板も立ち、ここが低い土地であるのを実感できる。海面下という特殊な地なので、空気が少し重たいような何かしら重力の違いも感じる。

湖周辺は古くより生活の場を求めて人々が暮らした痕跡が残されている。湖の南、ヨルダン川の流れ出し部分にも近い場所に〝オハロ〟という、農耕が始まる前の中石器時代と考えられる二万五〇〇〇年も前の遺跡が知られている。出土した遺物はハイファ大学博物館で展示されている。

ハイファ大学の手によって発掘調査がおこなわれ、この時代でも道具を使って積極的に魚を獲っていた当時の人の暮らしの一端が知られた。

湖周辺からは投網、地曳き網、刺網などのオモリとして装着したであろうフリント、あるいは鉛などを使った沈子《ちんし》、釣鉤《つりばり》などの漁具、網を補修したり作ったりするための網針も見つかっている。

それから、舟を泊めるための碇石、港に繋留するための繋留具も湖周辺の遺跡や湖岸から多数発見され、湖を中心とした生活活動の一端をうかがい知ることができる。活動の拠点で

聖ペトロの魚

あった港も、湖の周辺で一二カ所ほど見つかっている。

湖での暮らしという点から見てもガリラヤ湖と切っても切れない関係にあるのが、世界的にも広がったキリスト教であろう。イエスは「ナザレのイエス」として知られるように、布教の初期、湖周辺で積極的に説教活動を行っている。

とくに、湖北部には新約聖書ゆかりの地が数多く、漁師ペトロをイエスが見いだした「ペトロの教会」、「山上垂訓の教会」をはじめ、「パンと魚の増幅の教会」、などが建てられている。こうした教会を世界中から巡礼者が絶えず訪れている。

イエスの弟子の筆頭は「岩」という名を持つペトロだが、彼の名を持つ魚が湖に棲息し

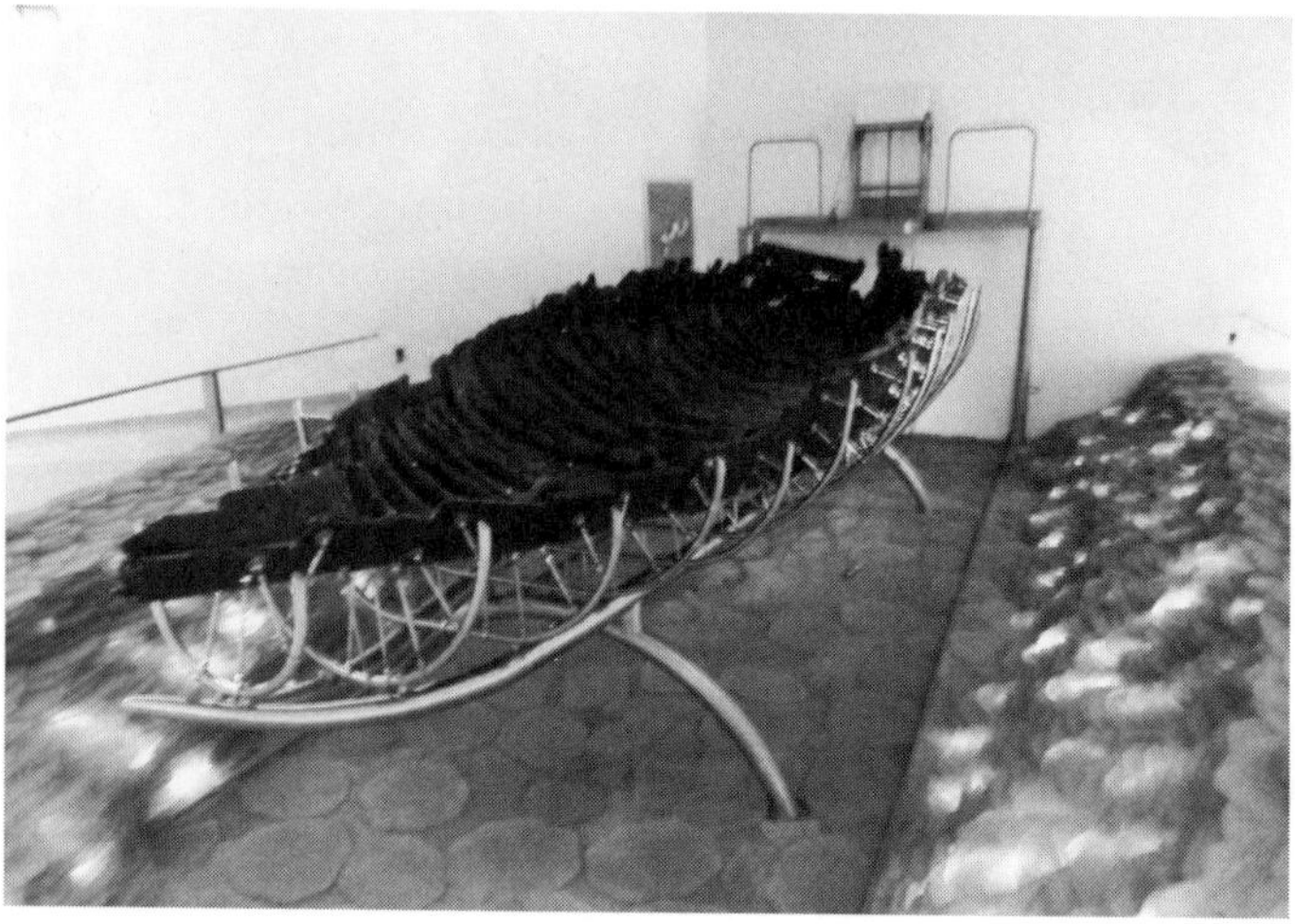

沈没船

ている。それはティラピアだ。

イスラエルでは本来の名よりもセント・ピーターズ・フィッシュ、即ち「聖ペトロの魚」の名の方が知られる。イエスを訪ねて巡礼に訪れた世界中のクリスチャンから愛される魚だ。もちろん食用とされている重要な魚である。

湖は年によって水位が変わるが、水位が下がった渇水の年、カペナウムの近くの湖岸よりローマ時代の木造舟が見つかった。舟はレバノン杉とカシの木で造られ、長さ八㍍、幅二・五㍍ほどの大きさである。魚舟か輸送舟かは分からないが、当時の湖での生活を知る上で貴重な舟であることは確かだろう。

「イエスの舟」とも呼ばれているが、出土

した土器などから見ても、イエスが暮らしていた頃のものだろう。もしかしたらイエスと弟子を見たかもしれないし、乗せたかもしれない。

発掘調査が行われ、舟は取り上げられた後、保存処理を施され、現在はキブツ・ギノサールの展示館に収まっている。発掘時のビデオも流れ、詳細な報告書も出版されている。

2 エン・ゲブ遺跡

発掘調査をしてきたエン・ゲブ遺跡はガリラヤ湖東岸に面し、今から三〇〇〇年前、ダビデ統一王国の後、北イスラエルとユダ王国に分かれた分裂王国の時期、考古学的には鉄器時代の遺跡である。一九九〇～二〇〇五年までは日本聖書考古学隊、その後、慶應義塾大学が二〇〇八～二〇一一年まで発掘を行なってきた。

エン・ゲブ遺跡は、『旧約聖書』の「列王記」に記載されている、東にあるダマスカス王国と北イスラエル王国との戦いがしばしば起こった都市アフィックの候補地の一つとなっていた。背後にはまるで屏風のように切り立ったゴラン高原が迫っているが、こうした所からどっと攻めてきたのも実感できる。湖と高原に面した地なのである。そうした環境を利用して人が暮らしていたのであろう。

調査では、聖書に言うように城壁が崩れて数千人が下敷きになったというアフィックとは確定できないものの、ケースメート・ウォールと呼ばれる二重の囲いを持つ大城壁と、石灰岩製柱をもつピラード・ハウスと呼ばれる公共の建物数基を確認できた。

発掘は遺跡の中心部で高い部分にある公共建造物の上の街アクロポリスの部分を行った。出土遺物は少ないが、前一〇世紀頃から前八世紀頃の土器が連続して多かった。街の規模の割には頑丈な城壁など大規模な設備を持っているのが特徴である。要塞としての意味が際だち、湖岸で重要な位置を占めていた都市であったことはうかがえた。

ピラードハウスとケースメート・ウォール
（エン・ゲブ遺跡発掘調査団）

この地域は雨も少なく乾燥した土地柄である。雨がとても多く、樹木を含めた多様な植物が生い茂り、それを利用する日本とでは建築資材も大きく異なっている。

伝統的な民家などはまず石などを並べて建物の基礎を造る。その上に泥に刻んだムギワラを入れて干しただけの日干しレンガを積み上げる。植物材料は屋根などにナツメヤシの葉などを葺くぐらいで、腐りやすい植物性建材を多用する日本の建築物とはずいぶん違う。

ただし、神殿などを含めた公共建造物は永遠性を求めるためか石灰岩を利用して造っている。そうした造り方も伝統的である。

そのような建物が集まった周囲には、敵から守るべく堅固な城壁を造って全体を囲み込む。これも石と日干しレンガによって強固に造られる。基本的に乾燥地帯が多いこの地域では、泉、川などの水が供給可能となる地に人が住める場所は限定されており、交易の地ともなって都市が造られるが、これを維持するのは大変だ。

だが、都市は永遠ではない。人が巻き起こす戦争、あるいは地震などの自然災害で度々破壊されてしまう。それを地ならしして再び都市を築いていく。こうしたことにより、次第に小高い丘のようになっていくのだ。人が造った人工の丘で、歴史が堆《うずたか》く積もっている。

これが「遺跡丘」と呼ぶ「テル」の成立の過程で、ドイツ菓子のバームクーヘンを半円にしたような形をし、一目でわかる。その内部にある黒い部分は、破壊された場所で人の悲しみの跡とも呼べるだろう。生きていった喜びと悲しみの積み重ねがテルを造っている。

発掘するときは、歴史の流れとは逆に上から一層、一層剥ぎ取っていけば、一番下に最も

発掘作業

古いものがあるということになる。これが古代ローマ都市になると、テルを降りて広い平地に人工的に規格した大規模な都市を造る場合も多い。

考古学の調査と言うが、これは工事現場と同じだ。違うのは工事するものを逆方向に辿るということだろう。そして現場はあまり機械に頼ることなく、基本的に人力が主体であることは、今も昔も変わらない。その点、日本もイスラエルも同じである。

まず、発掘するためには地面におい茂った草取りから始めなければならない。草といっても柔らかくすぐ抜けるものではなく、ブッシュといった方が正解だ。棘状のものを持つシッカリとした草も多く、身体に当たるとチクチクと刺さって痛くてたまらない。もちろ

美しくした土層壁（日本聖書考古学調査隊）

ん調査は夏なので、それまで発掘した地区に茂っている草も取り去らなければならない。

その後に一区画五メートル×五メートルのグリッドと呼ばれる発掘区を複数設定し、グリッドとグリッドの間はそれぞれ五〇センチずつ、合わせると一メートルとなるボルクと呼ぶ観察用の畔を残すようにする。結果、発掘するのは四メートル×四メートルになり、最初はきちんと区域が分かるように紐を張り巡らす。発掘が進み、次第に深くなるに従い、周囲に保護するための土嚢をしっかり積み上げる。ボルクは最終段階には外して区画を繋げる。

ボルクとグリットの周囲の壁は単に仕切りということではなく、どのように歴史を刻んでいたかを知るとても大事なものなので、土層の積み重ねを必要に応じて写真に撮り、かつ図面に描く。そのために壁は美しくキチンと見えなければならない。だが、このようにするにはけっこう慣れを必要とする。私たちが「嘆きの壁」と呼ぶように、削って美しくするのはとても大変だ。これが美しくなければとても発掘とは言えないのである。

テレビのニュースなどでハケを使い座りながら丹念に出土遺物の清掃をしている光景が放映され、あのように座って楽なことをやっているのかと思われる方が多いが、あそこまでにいくのに大変な重労働が待っている。あれはあくまで最終作業である。

きれいに掃除をして写真を撮り、図面を描いて記録をしなければならない。建設をする土木工事と順序の逆はあれ、変わりはないのが考古学の発掘ではなかろうか。

発掘は「トゥーリャ」、「マクーシュ」、「パテッシュ」、「シュパハテル」と呼ぶツルハシ、クワ、コテ、小型の土掻きなどを使い作業をしていく。出てきた土は、「デリ」と呼ぶバスケットに入れ、それを移して運び出すのは一輪車である「メリッツァ」を使う。いずれにしても人手による人海戦術だ。

とくに日本では工事現場でしか絶対に使わないようなツルハシを、積極的に用いる。土はもとより、小石、あるいは石もとても多いのでツルハシでないと役に立たないことも多いが、鉄製のしっかりした歯が付くからとても重い。とにかく力がいるのだ。

調査の進展にしたがって不要な石を外さないといけない。小さな石は大丈夫だが、大きな

遺物出土と記録写真（エン・ゲブ遺跡発掘調査団）

記録作業（エン・ゲブ遺跡発掘調査団）

石は動かせない場合もあるので、ハンマーで叩き割ってから運び出す。

発掘の目的は鉄器時代だが、その上に新しい時代の遺跡も営まれ、地表には遊牧民のベドウィンの墓もある。また、独立戦争時はこの辺りで睨み合いをしたので塹壕、監視塔があり、装甲車の残骸は「記念物」としてテルの上に置いてある。利用し続けられている。

とくに、前三三〇年頃から前六三年頃のヘレニズム時代の建物は、深い部分の鉄器時代の建物と同じようにしっかりとした基礎をもつ石造りの「ウォール」と呼ばれる壁が残る。まずこれを記録し、その後に基礎の石組みを外して掘り下げなければ目的の鉄器時代に到達できないので石運びがとても大変だ。

ところで、日本聖書考古学調査隊の発掘にはボランティアとして、スタッフの所属する北海道から九州・沖縄までの日本各地の大学から男子、女子学生が多数集まるが、こうした地に興味を持つことからか、大部分は考古学専攻生ではなくユダヤ教、キリスト教などの宗教史関係、英文学関係の人も多い。

ボランティアだから現地までの飛行機代は自費であるし、汗と埃まみれの作業を一生懸命やっても日当は出ない。その代わり宿泊代、食事代、それから週末を利用してのエクスカーション（小旅行）代は隊が持つということになっていた。

これも日本は次代の若い人を育てるということからこんなことになっているが、一般にイ

道具を使う女子学生（日本聖書考古学調査隊）

スラエルでは世界中からボランティアを募って発掘をするのがシステム化されている。

毎年イスラエルで行われる発掘一覧が『聖書考古学』という雑誌に載り、募集要項も記載される。応募するには、衣食住代もボランティアに参加する人が払わなければならない。

エン・ゲブ遺跡の発掘調査でもスタッフ、ボランティアも含めて参加者は様々な点に興味を持つ人たちが参加している。もちろんボランティアの学生たちは常日頃から、このような道具を使っているわけではないし、見たことが初めてという人も多い。

ところが、このとても重たい道具をいち早く使いこなし、嬉々として仕事をし出すのはどちらかというと女子学生である。男子学生は力無しが多い。というか、力を出し切れていないというのが実態だろう。現地にすんなりと溶け込めるのは女性の特徴かもしれない。

発掘に使う道具だが、これらの道具ときたらとんでもないものである。日本であったらとっくにお払い箱のもので、使い古しの粗大ゴミとしか考えられないようなものが揃う。とても堅固で、重い。ある年など、あまりにも不評だったので日本で購入した道具を持ちこんだが、あっというまに壊れてしまった。「郷に入っては、郷に従え」なのだろう。

一輪車のタイヤにしても日本ではチューブ入りだが、ゴムだけで出来ていてズッシリとしている。傷んだ荷台はガタガタしているし、ベアリングなどはとっくの昔に壊れてしまっている。そしてとてつもなく重い。握り手も太い。

日本隊が資金面であまり豊かではないこともあるが、こうした道具でも買い換えることはなく、修理をして一〇年以上も使い続けてきた。お陰で体は締まり、日頃の運動不足は解消されるような気はする。

おまけに調査の終了時には、住民が落ちたりするような事故が起きないよう、調査地区の周囲に金属製の長い杭を立てフェンスを張る。その杭を立てるのに、人力による杭打ち機を使うのだ。これは極めつけの重労働だった。

杭の上にまずキャップ状の杭打ち機を被せ、取手を持ち振り下ろして叩いていくが、力任せに叩き付けるというのが正解だろう。だが、杭の先は柔らかな泥地ではない。礫がガラガラに入っている。おまけにその道具も全体に弛みがある。

発掘で消耗しきってボロボロになった体には、この作業は格別にこたえる。肘がガクガクになってしまう。やっと終わったかと思ったら、その杭に今度はガッシリとした鉄製ネットを巻き付け、針金で縛る作業が続く。

最近ではさすがのフェンスの杭も網も軽いものとなった。この地のいろいろな物、あるいは作業もここの住民も少しは柔らかくなってきたようだ。

3 発掘での日課

発掘調査の後半では、キブツ・エンゲブ内で宿泊できるようになったから楽になったが、最初の頃は少し離れた場所に宿舎があったので、迎えのバスに乗って現場まで行くのに三〇分ほど掛かった。帰りも同じくバスを利用してのちょっとした小旅行だったが、朝はそれだけ早く起きなければならなかった。

ここでの毎日の生活は日本ではとても考えられないが、まだ夜も明けぬ朝四時半に起床することで始まる。もちろん各人が目覚まし時計をセットしており、複数のアラームが暗い室内に無情にも鳴り響く中を意識朦朧としながらシーツを片付ける。

そして、前日の食堂で仕入れておいた夕食の残りのパンとコーヒー、あるいは紅茶を軽くお腹に入れ、駐車場に待っているバスに向かう。

寝ぼけながらもバスに乗り込むと、バスのラジオからは早朝五時、「おはよう」の「聖書朗読」の時間に、三木露風（一八八九〜一九六四）作詞、山田耕筰（一八八六〜一九六五）が一九二七年に作曲した「夕焼け小焼けの……」で知られる童謡『赤トンボ』のメロディが流れる。

聖書がとても大切なお国柄である。ここでは仕事に向かう前、あるいは始めた頃に流れるのだ。イスラエルの人たちは聴いて想いを新たにする。私の感覚では、ドボルザークの『新世界』ではないが、この曲を聴いたら里心がついて家路に帰りつきたくなるように思える。ましして朝起きして仕事に行きたくないという気分になってしまうのだが、ここではどうやらそうではないようなのだ。

イスラエルではとても大事なことに使っているので、良い曲だと思っているのには違いないが、受け取る曲の背景はまったく違う。これが文化の差であろう。

曲に違和感を覚えつつも、未だ睡眠中の人も含めて発掘現場に到着する。辿り着く頃には、周囲から鳥の鳴き声がし白々と夜が明け始める。

現場では草むらにはハリネズミ、頭上近くの木々にはカメレオンの姿も見かける。

左右の眼が別々の方向にグリグリと動くユーモラスなカメレオンだが、忌み嫌うのか、発掘作業の助っ人であるゴラン高原からやってくるドルーズ族の人たちに見つかってしまったら、たちどころに殺されてしまうことも多い。女子学生の悲鳴が上がった。

最近のドルーズ族の人たちにそうしたことを話すと怪訝な顔をするので、世代の違いか、あるいは個人的なことであったのかもしれない。

ハリネズミは小さい体を丸めてとても愛らしいが、日本の女子学生に囲まれたらそれこそ大変だ。いじり廻されてしまう。

朝の騒動を見つつテルの上で軽く柔軟体操をして体をほぐした後、小屋から作業のための道具を取り出し直ぐに発掘を開始するが、これが五時半頃となる。

ここでは幾つかのグリッドに分かれて作業をする。スーパーバイザーと呼ばれる発掘責任者の元に数人ずつボランティアがチームを組む。同じ学校の先生とは一緒にならず別の先生に、あるいは男女なるべくバランスよくなるように配置する。

ボランティアは基本的に同じチームに所属するが、人数の増減もあるし、発掘の作業状況によっては人手が足らなくなったり、あるいは余ったりもするので、適宜配置を換える。

七時頃、「ウォーターブレイク」で水分を補給して八時まで作業し、テルの上で朝食をしっかりと摂る。朝食が終わったら、「アボダ」つまり「仕事だ」という掛け声と共に一段と強くなった太陽の下に発掘を再開する。実際、朝食の前が最も発掘が進む時間だ。

こうして一〇時頃「ジュースブレイク」を取った後、一一時頃にスイカ、ブドウ、メロン、オレンジ、モモ、リンゴなどの「フルーツブレイク」を迎える。ここに至るとかなり体はボロボロになっており、フルーツが滲みる。これで勢いをつけ一一時二〇分頃まで作業をする。これがキブツ内に宿舎が移ってからは十二時頃まで作業できるようになった。

発掘作業中には土器、石器などの遺物が出土するが、それらは土層、遺構と呼ばれるものを含めたローカス番号という地点番号を付けて必ずバスケットを変える。ローカス番号とバスケット番号は重要なものである。人にとっての姓名のようなものと考えれば良い。

終了時には出土遺物の点検を行い、調査の進み具合を全員で確認する。その後、道具を小屋に収納し、宿舎に戻っていく。奴隷もかくやと思われるほど上から下まで汗まみれと泥まみれでとても悲惨な格好だが充実感はあり、意外と気持ちが良いのは不思議だ。

宿舎に帰り着き、シャワーを浴びるとスッキリする。それから、昼食をとりにキブツの食堂に向かう。このときが一番幸せなひとときとなる。

一般にイスラエルでは昼食が一日で一番のご馳走となっている。グリルした鳥のモモ、魚のフライないしグリル、ソーセージなどのメインディッシュもつく。仲間とペチャクチャとお喋りしながら、私などは一時間ほどご馳走にかぶりつく。

この後、フリータイムでゆっくりと過ごす。部屋でひっくり返って昼寝をするのも良いし、汚れた服を洗濯、あるいは湖で泳ぐなり自由だ。洗濯ものはシャワーするついでに一緒に洗っておき、宿舎の外にロープに下げて干すが、太陽と風とによってあっという間に乾いてしまって大助かりである。作業着の着替えも少なくてすむ。

昼寝をして四時半になると整理作業を始める。出土した遺物はブラシなどを用いて水洗いをし、コンテナに入れて乾燥させる。これも直ぐに乾くが、表面に石灰が厚く付着しておりなかなかとれない。水を入れたバスケットに長く浸ける、あるいはレモンなどの酢を付ければ少しは剥がれる。アメリカ隊などでは酢酸も用いている。

一日ほどで干したら乾くので、次の日に検討しながら選別作業をする。不必要なものは情け容赦なく棄てる。汗水たらして一生懸命に発掘した遺物だが、口縁部、底部など時期が分かるもの、復原可能なもの、重要と思われるもの以外は残さない。

裁判を受ける被告みたいな立場に置かれる。結果的には何十分の一も残らないということになる。廃棄したものは敷地内に捨ててしまい、溜まって堆く積もっていく。

微細なものであっても出土するものは全て取り上げる日本考古学をやっている方には信じられないだろうし、驚く人も多い。出土遺物の大部分は捨て去られてしまう。捨てられた遺物は二度と日の目を見ることはない。だから、選別する能力を高める必要はある。

こうして、選ばれた遺物は台帳に登録する。そして出土した遺跡、ローカスなどを記入す

遺物選別作業（日本聖書考古学調査隊）

る日本では「注記」と呼ぶマーキング、図化作業のドローイングをおこない、写真を撮るという整理作業を進める。名前を付けて戸籍に登録するようなものだ。

その後、夕食をはさみ、昼の暑さが嘘のように涼しい風に吹かれながらミーティングをする。

こうして長い一日が暮れていく。昼寝もしているので、日本と比較すると一日が二度あるような感じになる。

太陽の沈んだ空を見上げると満天下の星に天の川が流れている。日本にいると星座も含めてなかなかイメージが湧かないが、ギリシア神話では英雄ヘラクレスが赤ん坊のときゼウスが抱えてヘラの乳を飲ませようとしたが、あまりにも強く吸ったのでヘラの乳が飛び散ったという経緯から生まれた「ミルキーウェイ」という名の通り白い乳に見える。星降る夜の星降る話が実感としてつかめる。

「星に願いを」というのが直ぐに浮かぶ雰囲気だ。本当に素晴らしい夜空である。この星空を見るだけでもこの国にきたかいが絶対にある。それだけ、最近の日本は夜も明るく、おまけに空がよどんでしまったのだろう。こんな所では星の物語は語ることができないのではなかろうか。実際、この地に来て星座の意味が少しは分かったような気がする。

慌ただしかったが、これが私の一日の生活である。

日本の発掘と比べると大変ゆっくりとしているが、日中の気温が四〇度を超すようなお国柄では暑さ真っ盛りの昼間働くのは無謀な話で、涼しい朝の時間にやるのが最も適している。実際、ここまで暑くなると次第に思考も停止してきて動くのも億劫になってしまい、ボッとするのもしばしばである。普段でも動きの遅い私は、いっそう遅くなってしまう。暑い所に住んでいる人たちが昼間ゴロゴロとしている気持ちも分かる。

日本では良く言えばバンカラ風、ちょっとストイック過ぎるようで、夏などイスラエルより湿気が多くて暑いにも関わらず、相変わらず日差しの強い日中発掘をしている。

これはやはり異常ではなかろうか。発掘目的を持つ学術調査ではなく、役所が行う工事に伴う行政調査が大部分というものの、何時からサラリーマン考古学化したのだろうか。

日本の農家の人も酷暑の時期、昼の暑さを避け朝方、夕方に農作業をするが、やはりこれが自然ではなかろうか。あの悪名高き官僚の先輩、古代の役人の出勤時間も似たものだった。たまには空を見上げたいものだ。

4 服装あれこれ

イスラエルを訪れると、日頃は意識しないが改めて気づかされることも多い。異文化体験ほど自らを振り返る機会はない。日本文化という自文化を理解できるきっかけも持つ。

夏の定番Tシャツにジーンズは、老若男女問わず世界的に共通なものである。本来身に着ける服装は自ら所属する社会、そしてアイデンティティを示すということが理解される。自分が所属する民族集団を表している。

ユダヤ人の地区で部外者であってもアラブ人の民族衣装を着るのは覚悟のいることで、危険性を伴うこともしばしばだ。当事者ならなおさらそうで、そうしたことを敢えてする人はいない。

アラブ人は、体中を被ったまるで絨毯のような服を着ており、「これでは暑くないのかな」と心配するくらいだが、一般的なユダヤ人はヨーロッパ的というか、とてもラフな格好をしている。女性は股上の浅いパンツをはき、ヒップの辺りは裂け、へそ出しスタイルで横行し、闊歩している。肌もあらわであり、ヨーロッパ人と何ら変わりはない。

昨今の異常に暑い日本のことで考えると黒いものが効果的なのは明らかで、現地の事を考えればアラブスタイルが理にかなっている。

考古学研究者マックス・マローワン（一九〇四〜一九七八）を夫に持ったイギリスの推理作家アガサ・クリスティ（一八九〇〜一九七六）は、「考古学に従事する人は古ければ古いほど好む」と言った。

アガサ・クリスティの場合は、質問に答えてかなり年下の夫であるので、自分を大事にしてくれると合わせて単にそう言っただけで、彼らはというとまるで舞踏会にでも行くような恰好をしている人も多い。とても発掘するという雰囲気ではない。

この時代、パトロンも含めてだが貴族などの上流階級の人々には古代のロマンを求める考古学は先端の趣味でもあった。写真の中の姿が当時の状況を如実に表している。

今から考えると場違いにも見えるパラソルを差した大きな帽子のロング・ドレスのレディ、それからパナマ帽を被るジェントルマンの姿が映っている。埃まみれの発掘現場を訪れ、現場に設営されたテントでランチ、あるいはディナーを取る姿が見られる。

アガサ・クリスティの『メソポタミア殺人事件』、『ナイル殺人事件』、『エジプト墳墓のなぞ』、『死海殺人事件』などの映像作品で遺跡の発掘シーンを見た人も多いだろう。訪れた人の格好を見たら納得がいくに違いない。見学し、着替えをしてドレス、ディナー・ジャケットで正餐に臨んでいる。こうした格好はさすがに今では過去のものになっている。

私たち調査隊の現地スタッフであるギル・コーボはとても裕福な育ちなのだが、Tシャツに短パン、それも相当の年代ものを身につけている。

それにしても彼のパンツも含めていったい何年、いや何十年着ているのかと思うほどあちらこちらに穴もあき、洗いすぎて生地もとても薄くなっている。ボランティアの女子学生が心配していたほどだ。Tシャツも極めてボロ、短パンはかなり危ない。短い上に破れている。靴はデッキシューズにソックスは穿かず素足のままだ。

発掘を手伝う現地スタッフ―左ギル・コーボ

ただし、帽子は涼しげなメッシュの帽子だ。どこまで効果があるのか分からないが、トップには環境を考えたソーラーシステムが付き、それで帽子の中のファンを廻し、頭をクールダウンさせるという最新機材を取り入れている。また手袋など絶対に付けることなく、素手で大抵のものを扱う。

発掘作業は危険なことも伴う激しい肉体労働であることは間違いない。ちょっと油断すると擦りむき、爪を剥がすこともしばしば起きる。ましてや、この地では建物の資材として石を素材として使ったものも多い。重たく硬い。

私は日本考古学の伝統にのっとって、長いパンツに厚手の長シャツを着る。もちろん汗を吸収する下着も着る。首には汗取りのためにタオルをしっかりと巻き、足には厚手のソックスにしっかりとしたウォーキング・シューズを履き、手には軍手をはめる。帽子もおかま帽を目深に被る。ほとんど全身を覆い尽くす、彼とはまるで対称的なスタイルである。どう見てもアラブ人に近い格好をしている。

ただ、それでも頭に帽子を被るというのは共通している。さすがに帽子を被らないような人は見られないようだ。ここでは帽子は絶対に必需品である。

発掘を始めるにあたって、彼は「ここはとても暑い地なので、動きやすくてラクな格好をした方が良い」とボランティアにしっかりとアドバイスをする。

これは日本人にとっては極めて危険極まりない。慣れている人なら自己責任で良いが、不慣れな人は絶対に聞かない方が身のためである。

身体の動かし方というのも民族によってずいぶん差がある。腰を少し屈めて作業するのが日本人のスタイルなら、こちらの人はあまり屈めずに作業をするのが特徴だろう。上半身は肩幅広くガッシリと発達し、分厚い胸板に丸太のような腕、グローヴのような手が付く人も多い。これに比べたら、日本人はやはり華奢な身体をしている。

単に身にまとう服装の点でも私たちと大きく考えが異なる。しかしどう考えても、安全のためにはしっかりと肌を覆う方が身のためであろう。

実際、夏の短い北ヨーロッパ系の人たちは少しでも太陽を浴びようとする気質からか、こちらの発掘においても短いショートパンツ姿になる人がとても多く、女性の中には水着姿で発掘する人も見られるほどだ。

これでクワだとかツルハシを振るう。実際、身体中傷だらけとなっており、皮膚も焼けて赤くなっている。これは誰が見ても火傷であろう。

私たちと違い、とくに肌の弱い北ヨーロッパの人は皮膚がんのリスクも高くなる。しかし、長い習慣から来たものは変えることが難しいのだろう。文化的規制なのかもしれない。

この土地で長い間暮らしてきた人々のように、気温が体温より高かった場合は体中覆い尽くした方が絶対に涼しい。

これは家も同様で、日本のように窓を開けて風を入れても涼しくはならず、逆にドライヤーの熱風を当てているかのように気温が上昇しどんどん体から水分が奪われてしまう。だから、「暑いから窓を閉める」ということになる。

古代のユダヤ人はアラブ人と同じような格好をしていたと思う。それから一〇〇〇年以上にもなる時を隔て、この地に新しくやってきた人々はやはりヨーロッパ的である。

しかし中にはウルトラ・オーソドックス（超ウルトラ保守主義者）と呼ばれているユダヤ人もいて、アラブ人も真っ青な頭には鍔の広いフェルトの帽子を被り、体には見るからに暑そうな真っ黒な服をまとい、頭髪と髭は伸び放題である。ガリラヤ湖周辺ではあまり見ないが、宗教都市のエルサレム周辺には多く住んでいる。こうした格好は、彼らが暮らしていた東ヨーロッパの当時の服装という。

かつて名優森繁久弥も演じたウクライナを舞台とした、『屋根の上のバイオリン弾き』の時代である。ある宗教史学研究者が彼らを「ペンギンさん」と呼んだが、確かにそのように見える。習慣をしっかりと維持し、一目で出自が分かる。

身だしなみという点では、男性の髭の蓄え方も文化で面白い。

ユダヤ教徒は特別な人を除いては髭を生やしてはしていない人が多いが、イスラム教徒では男性は鼻の下に髭を蓄えている人が多い。日本ではこうした髭を「スケベ髭」と呼ぶが、鼻の下の髭は男性シンボルとしての意味をもっており、同じ意味だ。

それから鼻髭の他に、もう一つ顎に生やす顎髭がある。これはどちらかというと聖職者用の髭であり、イスラムでは導師が立派な髭を生やしている。面白いことには、こういう点はユダヤ教徒のウルトラオーソドックスの人たちと同じだ。宗教者とはそのようなものであろうか。

かつてイランでは、今は亡きホメイニ師（一九〇二～一九八九）の登場により王制を打倒するイスラム革命が一九七九年に起こった。イランに君臨したパーレビ国王（一九一九～一九八〇）は国外に追放され、革命の結果、様々なものが変化した。

その一つとして、けっして強要されたものではないが、男性の髭が鼻髭から顎髭に主流が変わった。実際、顎鬚をたくわえると威厳は増すようだ。ヨーロッパでは「プロフェッサー髭」とも言われている。

こうして社会的変動によって、性的なものから宗教的なものになった。まさにそういう点では、髭も流行、ファッションなのである。

この髭、生やすと確かに年齢よりずっと年上に見えるのは事実だ。長老が物言う世界というのも根強い。だから髭を生やす理由として、年齢を上に見られたい願望も上げられる。それから男性シンボルとしての意味もある。髭のない男性は男性として見られない可能性も出てくる。ホモと見られても致し方なしの部分もある。髭のない男性は気をつけるべきだろう。年齢の上の方が人生の経験者として発言も重く、重要視もされ、社会の第一線で活躍もできる。だから、男性は年より上に見られた方が得だ。こうした点は一つでも若く見えた方が喜ぶ人の多い日本と少し違っている。

それにしても実に様々な人たちがいる。これは見ていてもけっして飽きるものではない。世界は多様な人たちによって成り立っているのだ。

(2) イスラエルでの生活

1 キブツの暮らし

私たちが宿舎として暮らすキブツはイスラエルで発達した独特な組織で、社会主義の理念を実現し、構成員で共有する集団農場である。

かつて共産主義の旧ソビエト連邦にはコルホーズ（民間）、ソホーズ（国営）という集団農場があったのを覚えている人は多いかもしれない。同じく中華人民共和国には人民公社があった。集団農場は上手くいかなかったがイスラエルでは成功し、今も農産物の大部分は個人生産ではなく、キブツで生産する。

九州の大分県大山村（現日田市）は、一村一品運動の発祥の地として知られる。「梅を植えてハワイに行こう」という掛け声で始まった。

イスラエルのキブツにヒントを得ようと、一九六九年にキブツに人を派遣して成果を取り入れ、一九七〇年にはメギド村と姉妹村の関係を持ち、今日でも現地との交流が続いている。既に半世紀以上の交流の歴史を持つ。

さて、歴史に大きな影響を与えた共産主義者カール・マルクス（一八一八〜一八八三）はユダヤ系の人で、彼の思想は理想主義であり、虐げられた労働者に救いをもたらす解放史観が特徴である。神を否定するが、プロレタリアート革命によって資本家などに搾取されていた労働者が不当な生活から解放されるのだから、モーゼによるエジプト奴隷からの解放とも共通性が感じられ、ユダヤ教の延長上にあるのはまぎれもない。

政治的なものは別として、彼らにとって教えの延長で受け入れやすい考えなのであろう。

実際、キブツの中で暮らしている限り何もいらない。幼児を預かる保育所も完備し、老人ホームもある。日頃の生活の中で起きてしまう軽いケガ、病気に対応できる診療所もある。

キブツを歩いていると、二人乗りの電動モーターカーに並んで乗り、仲良く食事などに出かけている老カップルの微笑ましい姿をいつも目にする。

キブツ内―正面はレストラン

家を切り盛りする主婦にとっては、毎日、毎食の食事の準備をする必要もなく、キブツの食堂で朝、昼、晩と家族共々食事をとれる。キブツ内のものを一手に引き受ける洗濯設備もあって、家族の洗濯からも解放されて一家の主婦は大助かりであろう。

現代生活の必需品であるマイカーも自分で維持する必要はなく、キブツで車を所有しているので、必要な時には借りることができる。

また驚くことには、キブツの中では、「キブツマネー」と呼ぶ単なる紙に、イスラエルの通貨シェケルの金額を印刷したものを紙幣として使い、これで用が足りてしまう。もちろん、他のキブツでは使えないが、キブツ内の売店もこれで通用するので、外に行くことが無い限りイスラエルの公的貨幣の紙幣、コインを使うこともない。
それからかつて子供は産まれてしばらくすると、親元を離れキブツの保育所へ預けられていた。集団保育ということだろうか。発掘をしていると、保育士に引率されて時々この子達がやってくる。可愛い訪問者だ。

キブツ内の子供たち

民族学会で、同じキブツ出身の子供たちはお互いに結婚しないということが報告されたことがある。どうして人は一般的には近親結婚をしない、あるいは避けるのかという問題に対し、キブツの例を引用しながら幼少の頃から一緒に育った場合、お互いの関係が近すぎる結果、互いに異性と意識しなくなり恋愛感情に至らないという説明がなされた。

さて、キブツには農園、敷地内を問わずナツメヤシの木が多い。ナツメヤシはアラブ人、ユダヤ人を含め大事な木であることに変わりはない。そのナツメヤシの実を干したものがディーツで、栄養分がとても高く、砂漠の横断もこれと水で敢行した。一本の木で家族が養えたほどであった。

かつてほどではないが、今も精神的にはとても重用なものであり、ナツメヤシの木を切るということはかなりの決断が要る。邪魔になるからといって簡単には切れないのだ。

聖書の「乳と蜜の流れる地カナン」という言葉であるが、日本で蜜と言えばミツバチの蜜と考えがちで、この地域でもミツバチから採った蜜は多い。エルサレム北方のレホブ遺跡ではミツバチを飼育していたと思われる巣箱が発見され、前三〇〇〇年前という年代が考えられている。

だが、ユダヤ教典によれば蜜はナツメヤシのことを意味し、これが蜜の代名詞である。干したディーツと共にナツメヤシから採った蜜も至る所で販売されている。これはエジプト、シリア、ヨルダンなどでも一緒だ。

ヨルダン川西岸のパレスティナ自治区にあるオアシスの街エリコも、「ナツメヤシの繁る地」という意味だ。「オリエントの三大美女」として知られるゼノビアがいたシリアのパルミラも同じで、いかにナツメヤシが生活の中で大事なものか分かる。

ナツメヤシはキブツの敷地内にも多く見られ、高く聳えている。夕方になると、西の空にナツメヤシの間から湖西岸の丘陵に沈んでいく太陽、代わりに夜、東の空から出てくるとても大きくて青白く輝いている月のなんと美しいことか。シャープに切れ上がった三日月、あるいは神秘的な満月というように、月の満ち欠けと合わせてそれぞれ実に美しい。女性に例えるのも分かる。

その他にオリーブの木も多い。これは生活する上の必需品である。実も食用にするが、それから絞るオリーブ油はとても重用なものだ。オリーブ油を採るための施設が遺跡にも残されている。そもそも救世主、メシアなるものは「油を塗られし者」という意味を持つ。油によって祝別されている。

ナツメヤシの間の月

ただ、オリーブの木は幹が裂けてしまうのが特徴だ。オリーブの木で作ったラクダなどの土産物を売っているが、しばしば裂けてダメになってしまう。これで彼女に首飾りを作ってあげたらどうなるのか。弾けて壊れてしまうかもしれない。愛は永遠でなくなる。

また、イチジクの木も多く見られ

る。私が滞在している夏の頃は、ちょうどイチジクの実がなる季節でもある。飽食の国日本ではイチジクは果物だが、最近は好んで食されるようなものではないようだ。しかし、地中海地域ではイチジクは豊饒のシンボルとなっている。

イチジクはローマが目の敵にした地中海を挟んで対岸となるアフリカ側のカルタゴの名産であり、カルタゴ産のイチジクを前にし、それだけ猛威が近いカルタゴ討伐の必要性を政治家カトー（前二三四～前一四九年）が訴えたことが知られる。

オリーブの木

イチジクは実から白い汁が出る。乳の出の良くない母親は、イチジクの汁を乳の代用にして赤ん坊に飲ませていた。これが豊饒の木といわれる由縁なのだろう。

アラブの美女の表現に、「眼はアーモンドのよう、胸はイチジクのよう」と例える誉め言葉があるが、イチジクは形からだけではなく、そのような豊饒という意味も強く持つのだ。

エン・ゲブ遺跡のテルに茂る木々

あるとき、講義の中で「胸は……」という話をしたら、聞いていた大部分の人は怪訝な顔をしていた。アイラインがはっきりしているようなアーモンドの形からは、それなりの美しさを考えることができるかもしれないが、イチジクでは文化が違うのか、とてもそうはいかないようだ。

美しさの例えは国によって、また地域によってもずいぶん違ったものになる。

ところで、ガリラヤ湖周辺ではキブツ内も含めて緑が実に多い。

調査の始まる頃は、エン・ゲブ遺跡のテルには多くのマツの木が生えており、とても異国とは思えないようだった。お陰でこの地域の調査にあるまじき涼しさと木々が茂る木陰があり、とある先生が発掘を「緑陰の調査」

と題されて文章化されたほどだ。この地域の調査ではとても恵まれている環境であろう。周りの国々を含めて、この地域は概して乾燥地帯であり、水の便も乏しく、遺跡も実に殺風景な所が多い。

発掘報告会では、発掘を紹介すると緑が多く、また女子学生がとても多い私たちの調査を羨ましがる人が実に多い。この地域では実に貴重だ。恵まれすぎといっても良いくらいの環境だ。

しかしこれは自然に生えたものではなく、一九三八年にこの地に入ったユダヤ人入植者が植林した結果なのだ。

このキブツを含めてガリラヤ湖畔は湿地であることから、かつては怖い風土病で伝染病であるマラリアを媒介するマラリア蚊の発生する汚染地域であった。入植者はまず、湿地を無くすために木々を植えた。

辺りに多いユーカリの木も本来地域自生の植物ではなく、オーストラリアの原産であるが、吸水量がとても多い特性を持っているので湿地を無くそうとして植林したものである。ユーカリの木もこの地に適応したのか、見上げるような大木に育っている。お陰で、今日では恐ろしい伝染病であったマラリアは撲滅した。

だが、残念ながら発掘区域を設定すると邪魔になる木も多くあり、また区域外にはなっていたものの、発掘の進展で根を切った結果、木が傾いて危険な状態になっていった。木を切り倒すことは何とか避けようとしたものの、残念ながらノコギリで切り倒すことになった。入植者の人たちが思いを込めて一生懸命に育てたものを、壊してしまうことになる。発掘はある意味で破壊でもあるのだ。

２食の話

イスラエルは地中海東岸に位置する国である。ユダヤ人は入植後も料理は宗教的なものに依拠しつつ地中海地域の影響も強く受け、現地のアラブ料理を大いに取り入れた。それに長く暮らしてきた東ヨーロッパ料理の影響もある。

厳密な意味でのユダヤ料理というものは宗教的な規制から見られる特徴だけで、あまり特別で独自なものはないようだ。全体的には刺激性のある香辛料は控えめで素材は新鮮なのが特徴だ。それと比較して、アラブ料理は伝統的なこの地の料理と言えよう。香辛料も実にタップリと入っているのが特徴だし、実際とても美味だ。

ここでは一般に昼食が正餐であり、魚、肉料理などが付く。それに対して、夕食は昼の残りといった感じだ。

ただし、「シャバット」と呼ぶ金曜日の日没から土曜日の日没までのユダヤ教の安息日では夕食が正餐となり、テーブルクロスも掛けられ、ワインも出されて神に感謝することが行われる。ユダヤ教徒は「シャバット、シャローム」という挨拶を互いにかわす。キブツの朝は早いが、食事時間は日本とはあまり変わらない。ただし、ヨーロッパ風のコンチネンタル朝食ではなく、タップリとした朝食をとるのは朝に労働をするからである。

滞在しているキブツでは「ピタ」と呼ばれる丸い形をした平べったいパン、オリーブ、キュウリ、トマトなどの野菜をそのまま、あるいは細かく刻んだもの、ボイルドエッグ、フライドエッグ、ヨーグルト、トルココーヒーなどボリュームたっぷりの朝食を摂る。

もちろんこれらのものは基本的で、毎回の食事には必ず出てくるものである。全体的に見ると、とても野菜が豊富な食事である。

食事するときはまずピタは半分に切り、中を少し広げ、そこにいろんなものを詰め込みサンドイッチにして食べる。それから最近日本でもお洒落な食べ物として見られるようになったドーナッツ状の形をしたベーグルも、伝統的なユダヤのパンである。日本では「ベーグルサンドイッチ」として売っているものも見られる。

また日本の梅干しのように地中海地域に無くてはならないオリーブがある。私などパクパクと一度に数十個も食べてしまうほどで、テーブルの上にはまたたく間にテルのような山並みができてしまう。これで元気を回復する。

野菜も昨今の日本のように軟弱ではなく、しっかりとしてとても新鮮である。キュウリはカポンカポンといった感じでジューシーである。パプリカなどはうっかりと口に入れたら怪我をしてしまいそうである。日本のものしか知らない人が見たらびっくりするだろう。大きさは大人の手ほどもある。身が厚くシャキッとしていてみずみずしく、とても甘い。

この地の強い太陽の光を浴びてたくましく育ったのであろう。人は食物を体内に入れたらその元気をもらいエネルギーを吸収すると言うが、まさにそうで、体中がフレッシュになっていくのを実感する。

トマト、キュウリ、ピーマンなどを細かく刻んだものもあり、それに塩、胡椒を好みで適当にかける。至ってシンプルなサラダで、「イスラエル風サラダ」と呼んでいる。

しかし、ひとつだけとても厄介なことがある。元気の良い野菜をたっぷりと食べた結果、お腹にしっかりとガスが溜まってしまう。そのため、しばらくはお腹が張って仕方がないくらいで、このお腹の張りを感じると「イスラエルに来たな」と実感する。これはその内に体が適応するのか解消される。

日本は野菜が豊富な国だが、実際はこちらほど食べてはいない。ヨーロッパにいて野菜不足に悩まされる人は多いかもしれないが、ここではまったくそういうことはない。

私たちの調査にも九二年からは石を扱う重労働に、ドルーズ族というゴラン高原を中心に

ドルーズ族のアリさん（日本聖書考古学隊）

住んで石仕事を得意とする人達が来てくれることになり、朝食が一層楽しみなものになった。ドルーズ族の人たちは自分たちの食べるものばかりではなく、いつも食べ物のお土産を山のように持ってきてくれる。

円形をした丸いパンのピタと違い、薄いアラブパンでクレープのような「フブス」には、山羊乳からできたホルトという（これは目を瞑って黙って口に運べば味噌そっくりの味）チーズを作った鍋の残りに溜まったものを付けて食べる。

また、蜂蜜がたっぷり入った紅茶にミントの葉一枚浮かべるようなものではなく、枝ごと一杯に押し込んで作ったようなとても甘いミント・ティーを飲む。

日本でハーブ園に行くとミント・ティーが

出ることもあるが、「絶対に葉っぱだけで枝を入れないのが美味しく飲めるこつ」と丁寧に解説をする。それを高らかに吹っ飛ばすような美味しさなのだ。

本当に美味しいものの前には理屈は無用で不要ではなかろうか。エキスではないわけだから、ドーンとけち臭く入れないのがしいていえばコツだろう。あまりに美味しくて泣けてくる。朝起きの疲れ、発掘の疲れはたちどころに吹っ飛んで至上の幸せ、幸福感にひたる。

これは観光で訪れたら絶対に味わえないもので、現地の中に入るのが一番だ。それこそ本物であろう。

朝からとにかく凄い量を食べるが、これくらい食べないと確かに体力が持たないのも事実である。充実した朝食を取っても日本にいるときより体は締まってずっと痩せている。

気温が高い所、乾いた土地ではフルーツは糖度が高く、とても甘くて美味しい。温室栽培のものと比較しようがない。

ブドウも、口に入れるとプチっと皮が弾けて剥け、実がポロンと飛び出す感じである。一粒、一粒とっただけでは味わえない。たくさんとって口に押し込むと、至福の感にひたる。

とくにスイカの美味しいことは言葉では言い尽くせない。水分の切れた体にスイカを放り込むと、熱くなった体が瞬く間にクールダウンする。「人はスイカによって生きる」とかつてとある人から聞いたことを、笑った私がバカだったと思う。まさに実感できる。

野菜、果物が並ぶ

アラブ料理の肉料理としては、肉も挽肉タップリの香辛料を効かした肉、串に刺して炭火で焼いたシシケバブは日本でも良く知られている。

シシは串のことでケバブは焼肉である。「シシケバブ」はとても香ばしくて美味しい。串に刺して焼いたものは最高のご馳走である。

他に一般的なものとしては「シュワルマ」がある。薄切りにした肉を縦に積み重ねてユックリと廻し、外側から炙って焼いていく。火に接している外側から焼きあがっていくので、それを包丁で削いでいき、ピタにはさんで食べる。

シシケバブもシュワルマもマトンを使うが、チキンも利用している。チキンはマトン嫌いな人が食べているようだが、マトンは日

ケバブ料理

本で考えているようなものではなくとても香ばしい。

　ユダヤ料理では定番というか、前菜で必ず出でくるものはヒヨコマメを加工したものだ。すり潰して油で揚げた団子のような「ファラフェル」、同じくマメを潰し、レモンを入れてソース状にした「フムス」などが良く知られる。

　マメはタンパク質を多く含んだ栄養価の高い食材である。だが、そのままでは加熱しても消化吸収率が低いのが弱点だが、それを磨り潰すと抜群の食品となる。日本の大豆の加工食品である豆腐を考えたら良いだろう。

「ファラフェル」はそのまま食べるのではなく「ピタ」の中に挟んで食べるのが一般的で、「フムス」は付けて食べるものだ。同じ

ピタとファラフェルなど

く「ピタ」に付けるものとしてはゴマのペーストである「タヒナ」が知られる。ピタにはナスのサラダなども挟んで食べる。

挟むものではシシトウガラシのピクルスもある。だがこのシシトウガラシは曲者で、中にはとてつもなく辛いものがあり、これなど食べてしまったら口の中が火事どころの騒ぎではなくなる。

何が辛いかといって、世の中にこんなに辛いものはないのではなかろうか。呼吸困難な状況におちいる。水をガブ飲みするのだがそれでも収まらない。

パンだけではなく、お米料理もある。昼の食事でしばしば出るのが「パインナッツ」と呼ぶ松の実の炊き込みご飯でとても香ばしくて美味しい。あるいはレンズ豆入りのご飯などもある。いわゆる「ピラフ」で、ちなみにピラフはトルコ語の「ピラウ」から来た言葉である。

最近は、本来はアフリカ料理「クスクス」も見られる。これにスープなどをかけて食べる。スープはいわゆる単純な野菜スープで、バサッ、バサッと大きく切った野菜も浮かぶ。もちろん単独でも食べることはできる。

イタリアではパスタの一つとして知られるのが、スパゲッティだ。ここでもスパゲッティなるものが出されることもある。しかし、それは日本ではとうていスパゲッティと呼べるようなものではない。ミート・ソースをかけるが、麺本体はアルデンテという言葉には遙かに遠く、茹ですぎでベッタリとくっついているものも多い。

そうしたスパゲッティでも子供たちは「こんな美味しいものはないだろう」と私にいう。こうした人たちに本場イタリアで食べてもらったら、どういうことを言うだろうか。「信じられない。出来損ない」と言うかもしれない。

絶対に血を残してはいけないので焼きすぎたり、あるいは煮込んでしまうというのを彼らの宗教上行うわけで、それが身につきスパゲッティにもしっかりと発揮されるのであろう。

メイン料理にはオーストリア名物のカツレツとして知られる「シュニッツェル」があるが、ここでは贅沢な子ウシの肉の代わりに割安なシチメンチョウを使ったターキーシュニッツェルが一般的だ。シチメンチョウはあっさりとした淡泊な味が特徴である。レモンをサッと掛け、塩・胡椒を振って食べれば美味しい。脂肪が気になる方には最高ではなかろうか。

魚のフライ、トルコ、ギリシア料理として知られるナスとひき肉の料理「ムサカ」、あるいはハンガリー名物のパプリカを使った「グーラッシュ」なども一般的な料理だ。ステーキは細かくカットし、シチュー状にしたものが供されるのがふつうだ。

キブツではレバーを揚げたものもある。シチメンチョウだろうか、実に大きく、通常のステーキほどの大きさがある。

ユダヤ、アラブ料理ともヨーグルト、あるいはチーズも多い。オリーブも緑と黒がある。コーヒー、紅茶もある。似ているものも多いが、肉料理に関しては、個人的にはスパイシーなアラブ料理に軍配を揚げたい。

ただし、料理を見たら分かるように実に様々な国からの寄せ集めだが、強いていえばやはり地中海料理の中に入るだろう。

3 モノとモノ

世界中で日本ほど最新のものが溢れている国はないようだ。次々と新製品が開発されて売り出され、購買意欲を刺激しようとしてかコマーシャルがひっきりなしに集中豪雨のように流される。

アメリカのように資源もある国が消費国家なのは分かるが、資源という資源はほとんどなく、食料でも国内自給率は四〇パーセントを切り、輸入に頼っているのにその感覚はないようである。いち早く様々なものを取り入れ、自らのものにする。そして、他人に遅れまいと必死になる。「そんなことも知らないのか」「まだ、そんなことをやっているのか」「遅れている――」というのは、老若男女を問わず日本人には絶対禁句の言葉である。

この言葉を言い放たれると、大抵の人は焦ってしまう。不安感を掻き立てられるようになる。民族性であろうか。

またソフトの面にも影響し、詩歌、茶道などのお稽古事をはじめマスコミも含めて季節感を先取りして煽る。作り出された流行に対して敏感に反応するのは年齢による差はあまりないようで、これは民族的な特徴であろう。外来文化に対応が速い。それだけ、新しいものには敏感だ。とくに、港町はいっそう強い。

こうした事が行われるようになったとき日本文化が形成されたのではなかろうか、と私は思う。

それに比べると、物もだがキブツで暮らしている人は身に付ける服も含めてとてもクラシックで、懐かしいレトロの香りもする。

キブツ内で見かけたとある自転車は、日本のものと比べて大きく違っていた。「こんなので良く動くなー」という代物だった。そこら辺にあった資材の鉄骨の切れ端を、片っ端から集めては溶接し、それに車輪を取り付けたような姿が見え見えで、おまけに相当古いようだ。ほとんど考古学的資料の類ではなかろうか。後ろの荷台も超大型で、相撲取りが乗っても絶対に困るまいと思うほどのガッチリしたものだ。戦車のような自転車である。

全体がきしんで動くことを拒否するのを、力でねじ伏せて動かすという感じだ。これに妙齢の女性が乗ってショートパンツ姿で太股露わに漕ぐ姿は、なかなかのミスマッチである。これだと絶対に脚力が発達するはずである。腕にもしっかり力がいる。

私が滞在する宿舎にはさすがにクーラーは付く。しかし、取り付けられているのは日本では何十年か前にあったような過去の遺物のようなクーラーである。ガラガラといかにも働いているぞというような音がする割には、冷房能力は極めて弱い。それでも朝方に寒くなるので効いてはいるのだろう。

この部屋に夜集まってミーティングをするが、声が大きくない日本人のせいか少しでも離れると聞き取りにくい。耳に手を当ててダンボにしなければなかなか聞こえない。

新しいものが出ても、今までのものをすべて弊履《へいり》のごとく捨て去ることなく、ボロボロになっても使い続ける傾向はある。これもお喋りと同様で、けっこう体力がいるのだ。

環境の厳しい土地では、多機能を持つものよりも単機能の方が信頼性は絶対的に高い。修理ができる高度な技術がどこでもあるわけはなく、機械を含めて単純なものほど信頼性も高くて良いというのも正解だ。電子部品を多用するより、機械式の方が最終的には丈夫である。

一九九〇年のイラクによるクウェート侵攻に始まり、その翌年の九一年に起こった湾岸戦争の折、アメリカ軍が使っていた電子機器満載の最新兵器は、戦場で初めて効果を発揮したが、埃と灼熱で数ヵ月も経つと壊れてしまうといわれたものだった。

私がフィールドでは強いであろう、と思い購入したスイスの軍用時計もその年ダウンしてしまった。保証期間内であったのでクレーム修理で復活はできたが、これは機械式ではなく、クォーツ時計であった。

記録を残すためのカメラだが、デジタルカメラも含め製品によっても違うだろうが、たとえフィルムカメラであっても動かなくなることが起きた。電気によって指令をするカメラのシャッターは壊れることも多い。

空中に浮かんでしまうような、パウダー状のとても細かい埃が影響しているようだから、こういう場所では最終的にはメカニカルな機械式カメラが絶対に強い。ただし機械式のカメラでもファインダー、レンズの中にまでこうした埃が入り込むので、オーバーホールをした方が良い。

革製品にとっても苛酷な使用環境となる。長年愛用してきた私のカメラケースだが、ここに持ち込んだらあっと言う間に悲しいほどにボロボロになり、それを笑っていた私の知り合いも次の年、同じ状況に陥ってしまった。

今はよほどのことがない限りデジタルカメラを使うが、それでも埃をなるべく避けるように写したらサッと包み込み、一日の終わりには必ず手入れをするようにしている。またデータはすぐにパソコンに取り込むようにして、危険回避をしている。

化学繊維を多用したショルダーバッグも一度でも使ったら、洗っても汚くなってしまう。汚れによって染色されてしまうという方が正解かもしれない。新品が古色蒼然としたものとなる。

私はいつも作業するための衣服や身の廻りのものは、捨てる一歩手前の最終段階になったものである。ここで使って、日本に帰る際に廃棄にする道を辿っている。

こうした環境だから、当然油分も抜けてしまうことになろう。皮膚を保護するクリームが発達するわけである。そのままだったら人もボロボロになるはずだ。

私もタオルで鼻と口元を覆っているが、作業が終わってシャワーをして鼻を掃除するのが怖いくらいに真っ黒になってしまう。結果、鼻毛も嘘のように伸びてくる。自己防衛機能が発達するのが理解できる。

こちらの人はまるでラクダのように睫毛が長いが、これも過酷な土地を生きるための必然なのだろう。どこまでも見通せるようなパッチリとした目に付く睫毛、人もラクダもとても良く似ている。

こうした環境の地域に暮らしていると、人の肉体も精神もタフさを要求されるのは間違いない。こんな地で育ったら、どこに行っても怖くないかもしれない。

エン・ゲブはナツメヤシ、バナナ栽培などの農業、乳牛、皮革を得るためのダチョウなどの牧畜、ガリラヤ湖での漁撈というように古代からの営みである第一次産業を受け継いでいる部分もある。

そうした伝統的なものと共に観光客のための宿泊設備であるゲストハウス、湖畔にシーフードをメインとしたレストラン、バーを設け、湖を巡る観光船、エン・ゲブ遺跡を含めキブツ内を周遊するトロッコバスなどを運営している。

滞在していたキブツも質素で堅実であったのだが、私がこちらで過ごすようになってきてからもずいぶん変わってきたように思える。

子供を手元において仕事のときにだけ預ける人も増えた。また食事も本来は全員が食堂に集まって食べるが、とくに夕食は食堂でメンバーと一緒に取ることなく、料理を食堂でパックに詰めて自宅に持ち帰り、家族だけで食事をする人も多くなったようだ。

キブツのレストラン内

次第に核家族化が進んでいるようで、食堂の存否も取りざたされている。個人主義が年ごとに強くなっている。

キブツマネーも廃止の方向、本来無用のお金は要らないのだが、ゲーム機器、ビデオ欲しさにお金に引かれ、キブツを出て行く人も増えている。

キブツも農業に従事していた暮らしから、ＩＣ産業にも手を染めるなど企業化への道をたどっている所もあるし、立派なゲストハウスを作り、観光客を呼び込もうとしている。こうしたキブツが多くなる傾向もあるようで、素朴で質素な共同体も変わりつつあるようだ。

夜、彼らの家の前を通っていると、カーテン越しに日本製のゲームをやっている姿が見える。また私たちが記録を残すために持っているビデオ、カメラを譲ってはもらえまいかと頼んでくる人もいた。消費社会のいろんなモノが、質素に暮らしてきたキブツの中にも押し寄せている。

Ⅲ章　イスラエル探訪

(1) リベラルな北部

1 ゴラン高原からヨルダン川源流、豊饒の平野など

イスラエルの国土は日本の四国ほどだが、風景は実にダイナミックで雄大であり変化に富んでいるのは驚きだ。

地域を南北に走るヨルダン渓谷北部のガリラヤ湖東側は「バシャンの高地」と呼ばれ、ヘルモン山の山麓に拡がる今日のゴラン高原となる。海面より低いガリラヤ湖から眺めたら、東側に屏風のように見える。高原を少し東に行くとシリアの首都ダマスカスに行ける。

本来はシリア領だが西側はイスラエル占領下にあり、ユダヤ人が入植している。カツリーンという大きな街もある。占領当時はシリア人が住んでいたが、ユダヤ人入植地のキブツ近くにも、シリア人が住んでいた村が廃墟となって残っている。

ゴラン高原は広々としており、夏でも海面下の湿度が高いガリラヤ湖周辺と違い、暑くても乾燥し、木陰に入れば涼しい。九州の方、あるいは訪れた方がいたら世界一のカルデラのある熊本県の阿蘇山一帯の風景を思い出してもらいたい。外輪山から見る風景がゴラン高原からガリラヤ湖を望む感じによく似ている。

ゴラン高原―中央の建物は国連 PKO 駐屯地

アジアからアフリカに向かって南北に伸びる大地溝帯は、何度見てもけっして見飽きることはなく、実に雄大である。ハンググライダーで飛んだら、気持ちの良いことだろう。

ゴラン高原を走っていると、ガゼルがピョンピョンと軽やかに跳んでいる姿を見ることができる。まるで全身にバネが入っているかのようだ。

ここにはかつてライオンも棲息していたが、今は残念ながらその姿はない。鬣《たてがみ》をもつライオンは力の象徴として知られる。古代エジプトのファラオがチャリオットと呼ばれる二輪戦車に乗ってライオン狩りを行った壁画などが見られるし、アッシリアの王もそうで、王宮を飾るレリーフに盛んに描かれている。ライオン狩りは王者の行事であった。

英雄は素手でライオンを打ち負かして力を示した。この聖書時代の動物を復元しようとする計画もあるが、猛獣ばかりは少し怖い。

またライオンだけではなく、かつてはゾウも棲息していた。

古代の商業の民、地中海を我が庭として大活躍した今日のレバノンの地にあったフェニキア特産として象牙製品も知られる。レバノン杉も産出したが、象牙製品もブランドであった。

但し、象はアフリカ象ではなくインド象のようなアジア象である。アフリカ象はアフリカ大陸に限定され、アジアゾウも今はインド、タイ、マレーシアなどの東南アジアだけだが、かつてはシリアから中国東部まで広く棲息し、全アジア地域にまたがっていた。

シリアにおける絶滅は乱獲によるもので、とくに古代ローマ時代には取り返しのつかないような状況になった。ライオンも同じ理由による。ライオン、ゾウは各地域にあったローマ都市の闘技場コロッセウムの演《だ》し物として捕獲され続けたのである。

ゴラン高原を北上すると、北にヘルモン山などの山並みが見えてくる。イスラエル占領地だが平和な風景だ。北西方向にあるシリアの首都ダマスカスも遠い距離ではない。

この高原にはかつての中東戦争のとき、シリア軍が撤退しながら地雷をバラ撒いており、撤去の済んだ定められた道以外を歩いたりすると、踏んでしまうこともあり危険だ。

以前、私がゴラン高原にあるロシア系移民の人たちの多いアフィックというキブツにいた

ブドウ収穫祭

とき、訪ねてきたイエズス会の神父はエン・ゲブから歩いてやって来た。道路は谷に沿ってクネクネと曲がっているので、かなり遠回りになるがしかたがない。ところが彼は近道と思ってか、道を歩くことなく谷をショートカットしてきたそうで、歩いていたら車で通りがかっていた人に「そんな所を歩くと危険です」と注意を受けたとのことであった。

無事に私と出会えたが、こんなことはしてはいけない。地雷は「非人道的兵器」で命を取られることは滅多にないが、手足が吹っ飛んでしまう。

国連のイスラエルとシリア間の兵力引き離しを目的とした平和維持軍もゴラン高原に駐屯している。また、この一帯は「ゴランワイン」の名で知られる白ワインの産地でもある。

八月の終わりに訪ねたときは収穫祭のまっただ中であった。月桂樹の冠を被った美しい女性や女の子がブドウの房を収穫してバスケットに集めて頭の上に載せて運び、そのブドウを少し深い槽に入れ、足で踏み潰してブドウジュースを取るセレモニーをおこなっていた。こうした様子はローマ時代のモザイク画にも描かれて同じだが、一般人ではなく洗濯と同じように奴隷を使っていたのが古代ローマだった。

即席の舞台の上でバンドも登場し、ワイン、チーズも饗されて賑やかに楽しく過ごした。青空の下で微風も吹く高原で飲むワインはいける。横を見ると国連軍兵士もチーズを片手に一杯やっている。一杯やる余裕もあるのだろう。日本の自衛隊から派遣されたＰＫＯもいたが、シリア情勢の悪化に伴って活動できないという理由で撤退することとなった。

さて、北には「神の愛はヘルモンより高い」と聖書に記載されたヘルモン山が見えている。標高二八一四㍍で、冬には雪も降りスキー場もある。その向こうはレバノンとなる。

ガラリヤ湖に戻り、北岸のヨルダン川を遡ると、現代の道に沿って大きなテルがある。これが、ハツォールである。天気の良いときなどは南側からはヘルモン山が借景となっており、世界遺産の遺跡でもある。

ハツォールは前二〇〇〇年代の青銅器時代のカナン人都市として営まれ、聖書によれば、カナン人の首都としている。地域の核となる都市であった。その後、鉄器時代のイスラエル

ハツォール遺跡

統一国家の元でも栄えた。遺跡は上の街、下の街から成り、イガエル・ヤディンによって一九五五～一九五八年に発掘された。調査では発掘の成果もさることながら、次代の考古学会の人材が育っていった。日本隊の調査を指導していただいたコハヴィ先生も調査に参加されていた。

道路を挟んで反対側にはハツォール博物館もあって出土品が展示され、見学もできるようになっている。こうした設備をしっかりと整備しているのがイスラエルだ。

ハツォールから北に遡っていくとヘルモン山の麓にダンという国立公園がある。隣国のレバノン国境も近い。ここも見所がいっぱいである。

恵まれた場所からか、前三〇〇〇年代の青

ダン遺跡の門

銅器時代から都市があったが、その後イスラエルのダン族によって征服された。ダンはダン族の都市から名付けられたもので、彼らが建設した都市のテル・ダンもあり、見学できる。

城門を通り城壁に囲まれた街中に入るが、城門の前には玉座が設えてある。どうしてかというと、ここでかつて裁判を行っていたからだ。裁かれた罪人は追放になった。いわゆる門前払いである。城門は都市としての住民の意識の象徴で、門番の手によってしっかりと守られていた。城門近くの内側に市場などの公共の場が設けられていた。

遺跡に入っていくと、神に犠牲を捧げるための祭壇も復原されている。祭壇の四隅には角があり犠牲獣の血を塗ったというが、同じような形をした祭壇が各地で見つかっている。

ダンは、旧約聖書の「士師記《さばきのつかさき》」に出てくる怪力無双のサムソンと関わりのある都市として知られている。彼はダン族の出身であった。

一九四八年のハリウッド映画に『サムソンとデリラ』があった。いかにもサムソンにピッタリな彫りが深く筋骨隆々のヴィクター・マチュアが印象深く演じていた。

彼はライバルの民族で「海の民」ペリシテ人の女デリラに惚れてしまった。彼の怪力が髪にあることをデリラが聞き出し、こっそりと髪を切り、サムソンの力を喪失させた。

映画ではラブロマンス的になっていたが、聖書では典型的な悪女として描かれていたデリラだった。

しかし、勇者も骨抜きにしてしまう「宿命の女」としてのデリラは興味をそそるものであり、ヨーロッパ絵画でもレンブラント（一六〇六～一六六九）をはじめ多くの画家も描き、フランスオペラにもなっている。

彼の最期はペリシテ人に捕まえられ、目を潰されて奴隷になったが、神に祈り、神殿の柱を渾身の力で押し、神殿を崩壊させ歴史の彼方に消えた。ただしこの場所はダンではなく、南部、パレスティナ自治区のガザという場所であった。

ダンにはヘルモン山からの雪解け水がコンコンと湧き出す泉がある。ここはオアシスであ

はしゃぐ子供たち

る。湧き出た水は清流となって流れ出てヨルダン川となっていく。水を利用したマス養魚場もあるが、木々も生い茂り、所々に浅い水たまり状のタライのようになった窪地もあって、子供たちがパンツ姿ではしゃぎ廻っている。そして、水はとても冷たい。一服の清涼剤と言わずして何と呼べばいいのだろうか。緑なす木々の間を爽やかな風が吹いていく、まさに楽園、天国である。この国の置かれた緊張もしばし忘れる。

ただ、離れるとそこはすぐに灼熱の世界が待っている。炎天下に太陽は照りつける。現実はかくも厳しい。オアシスのありがたさがしみじみと実感できるのだ。

九二年、調査のフェアウェルパーティをここで行ったことがあり、ヨルダン川をカヌーで下るのを盛り込んだ。

世界的にも知られているヨルダン川だが、川幅は一〇㍍にも満たないようなとても小さな川である。深夜、松明を付けてのヨルダン川下りはとても楽しい。カヌーを降りた場所でバーベキューパーティを開き、ボランティアには発掘参加修了書を手渡し、労をねぎらった。

この地に行くことがあり、カヌー下りにチャレンジしたら、違った面が見られる。川から見る風景は格別だ。現地スタッフの誰かがヨルダン川にはワニがいるからとさんざんボランティアを驚かしていたが、今はヨルダン川には残念ながらワニはいない。

2 対外的な港町

ダンを真っ直ぐ西に行き地中海に出るとティルス、その北がシドンになる。いずれもフェニキア人の港湾都市として発展した。シドンは貝紫の産地として有名な地で、ここは今日のレバノンになる。

ちなみに、古代ローマの最大のライバルであったカルタゴはフェニキアの植民都市であった。フェニキアのことをラテン語で「ポエニ」と呼ぶ。だからポエニ戦争と呼ぶし、ハンニバルは象に乗ってローマに攻め込んだのだ。

そもそもフェニキアという言葉自体が、染料の貝紫を意味するギリシア語の「ポイニケ」

からきた言葉で、カナンも同じ意味をもつ。貝紫は「悪鬼貝」と呼ぶ貝から僅かに抽出される貴重品で、これで染めた織物は古くから珍重されローマ皇帝も貝紫で染め上げたトーガを羽織っていた。この貝はイスラエルではハイファの辺りまで棲息している。

ダンを出て南に少し降り、地中海に出ると港町ハイファに行くことができる。その北がアッコで、アッコは十字軍の街としても知られる。また、海岸に沿って南にずっと行けばテル・アヴィヴだ。これらはイスラエル領内になる。

ハイファは南から伸びたカルメル山系が地中海に突き出た場所の突端にある。エジプトのナイル川が運び出した大量の砂はここより南に堆積し、遠浅の砂浜を造る。

そのため、喫水の深い大きな船が入ることのできる港は南では難しいが、北は岩礁地帯が広がっており港には適している。これが地中海の覇者フェニキア人の土壌となる。

日本で言えば津々浦々という言葉になるわけで、津は貿易船が入るような港湾なのに対し、浦は漁師たちの港である。自然環境がそこに住む人たちの生活の違いを生んでいく。

イスラエルの都市の性格はずいぶん違う。それは例えば、日本の札幌、東京、大阪、福岡、那覇といった各都市の違いにもなるのだが、この地ではそれに歴史的、宗教的なものも加わり、街の違いが際立つ。当たり前かもしれないが、宗教的に厳しいのは宗教都市エルサレムだ。エルサレムを右とするとハイファが最も左となるだろう。

ヤッフォからテル・アヴィヴを望む

イスラエル第一の経済都市でこの国の実質的な中心であるテル・アヴィヴは、その中間といったところだろうか。エルサレムは占領地も含まれているため、日本大使館など各国大使館はテル・アヴィヴ市内に置いているところが多い。エルサレムまではバスで二時間ほどの距離で意外と近いが、雰囲気はずいぶん異なる。

テル・アヴィヴは正確に言うと、テル・アヴィヴ、ヤッフォという。今日ではテル・アヴィヴの街に吸収された感があるが、民族的にも歴史的にも違う二つの街から成っている。

砂浜ではなく岩場のあるヤッフォは古くから開けた港町で、テル・アヴィヴの南にあり、アラブ人の多い街でモスクのミナレットも目立つ。もちろん、テル・アヴィヴから海岸に沿って歩いてもいける。街の入り口にはトルコ皇帝から一九〇六年に贈られた「クロックタワー」が建つが、後ろに見えるこんもりとした丘がヤッフォである。

古代イスラエルの統一国家であった時代、都のあるエルサレムの玄関口として栄えた。ソロモン王の時代、神殿建築のため輸入されたレバノン杉もヤッフォの港に入り、エルサレムへと運ばれていった。

ヤッフォの街は狭い路地が入り組んでいるが薄暗く汚い感じではなく、明朗で洒落ている。ギリシアのエーゲ海に浮かぶ島々に似ていようか。確かに芸術に携わる人たちが好んでヤッフォに住みたがるはずだ。とても雰囲気がある。

ヤッフォの結婚式のカップル

漁舟も多く、魚が水揚げされて賑わっている。魚を名物とするレストランも多く並び、粋なマドロス姿の人もいる。一度遊びに行ったときなど、海を見下ろすレストランで結婚

アンドロメダの岩

式が行われていたし、あちらこちらで結婚衣装のカップルをよく見る。ヤッフォは若者にも、結婚式の地としてとても人気があるという。

レストランから海を見ると、いくつかの岩場が波間から見える。所在地はいくつかの候補があるが、これがギリシア神話で「アンドロメダの岩」として知られるものである。

その話とは、エチオピア王であったケーペウスの娘アンドロメダはとても美しかったが、母親が娘自慢のあまりか、海神の娘よりも美しいと誇らしげに語ったのが災いした。海神は怒ってエチオピアに災いをもたらせ、アンドロメダを岩場に括り付ける。その岩場がここであるとも言われ、最後には英雄ペルセウスが彼女を助けて妻にした。

ギリシア神話とはいかに人間くさい話だろうか。この話に限らず、神も人も一緒になって愛し愛され、嫉妬もし、欲望があからさまに語られる。神話とはそもそもそのようなものかもしれない。それを横目に見ながら、二人の門出を祝うのもまたよかろう。

一角には「シモンの家」とされるものがある。ここに住んでいた皮鞣《なめ》し職人シモンの家にペトロが滞在し、そこへカイサリアからローマ人が訪ねてくる。これが縁となってキリスト教が地域宗教を脱してローマへ、世界へと拡がっていくことになる、意味深い地だ。

テル・アヴィヴの方はユダヤ人の入植地として始まった街である。この名は、日本語に直すと「春の丘」という意味で、一九〇九年に開かれたので一一〇年ほどになる。希望を持ってつけられた名前で、その名のように経済都市として今日まで発展している。

また、郊外にはイスラエルの空の玄関となっているベングリオン空港もあり、主要企業もここがベースで、様々な機能が集中している。

東のインド人、西のユダヤ人ではないが、ベルギーのアントワープを初め、ダイヤモンドの商取引に携わるユダヤ人は多いが、ダイヤモンドといえばユダヤ人というイメージも確かに知られている。

取り引きが始まったのは一九三〇年からと言われるが、今日ではラマト・ガン地区に世界最大の二八階建てのダイヤモンド取引所もある。ダイヤモンド関係の産業も見られ、かなりの輸出量を誇る。なかなか活気のあるエネルギッシュな街である。

北部には、様々な事に対してお世話になっている考古学専攻をもつテル・アヴィヴ大学をはじめ、エレツ・イスラエル博物館も設置され、文化的な中心都市ともなっている。映画館も固まった地区があり、ポルノ映画館も見られる。宗教的な規制が無い日本でも絶対に上映禁止の内容であった。これがテル・アヴィヴという都市の性格だ。

市内中央部に位置するディゼンコフ広場一帯は、一九三〇年代の様式で建てられた世界遺産ともなっている白亜の街である。

広場近くにあるかつての映画館が「シネマ」という四つ星ホテルになり、映写機なども展示され、ノスタルジックな雰囲気を醸し出している。

今は東に移動し、六階から成る大規模な建物となっているが、かつて南のヤッフォに近い場所には、都市間を移動するバスに乗るためのセントラルバスステーションがあった。周辺はお店を含め乗降客を狙った市場もあって多くの店で賑わい、喧噪に満ちた楽しい場所だった。日本も含めてどこも再開発が盛んで、新しい建物が建つが、こうするとかつての街の情緒が消えていくのはしかたがないかもしれない。

今、跡地には高さ一四〇㍍、三四階建ての「シャロームタワー」と呼ぶ街を一望できる高層ビルディングが建ち、入口でセキュリティチェックさえ受ければ誰でも見学できる。セキュ

ディゼンコブ広場のシネマ

リティチェックは、スーパーマーケットを含め人の集まる場所では全ておこなわれる。ここだけが、格段に厳しい訳ではない。逆に言えば、帰ってきて日本の無防備さに愕然としてしまう。

タワーから見下ろす街の風景は圧巻だ。地中海を含め壮大なパノラマが広がる。ダイナミックなテル・アヴィヴの都市ももちろんだが、雰囲気のある南のヤッフォ地区の全容が見えて実に美しい。

ここから海岸に沿って六〇キロほど南に行くと、遺跡のあるアシュケロンなどを経てガザのあるパレスティナ自治区となる。古のペリシテ人の本拠地だ。

砂浜の海岸に沿った北部、言葉の響き

アシュケロンの遺跡—復元家屋

も良いのが港町ハイファだ。ギリシアのアテネの海の玄関口ピレウス港からの船もクレタ島を経由し、到着する。

かつて船でこの地にやってきた旅人は、ハイファが入り口となった。今日でもイスラエルの海の玄関に違いはない。日本の神戸に良く似た街だ。アガサ・クリスティのご当地もので、一九八八年に映画化もされた『死海殺人事件』でもハイファが登場している。

港町ハイファはとてもリベラルな町としても知られる。これは港街ゆえのものだろう。いつも思うが、港町はその自由と寛容こそが持ち味なのだろう。開いていないことには何もできない。

どこもそうだが、ハイファもその例外ではない。山の手のカルメル地区には美しいバハ

ハイファ―中央はバハイ教の神殿と庭

イ神殿もある。宗教都市のエルサレムと違い、たとえ安息日であっても公共交通機関もストップすることはなく、運行されている。

エクスカーションで訪れると、土曜日の夕方にはハイファのホテルに入り、夕食は各人で適当に摂るのがいつものパターンだ。

港を見下ろす見晴らしの良いカルメル地区は、市内でも高級ホテルが建ち並ぶ一等地でもある。今は無くなったのだが、少し前までは近くにイエメン料理もあったので、荷物をホテルに降ろして一息つくと良く出かけていた。

イエメン料理は美味しい。中でもケバブ料理はとても美味である。香辛料をタップリと使っているのも特徴である。

その後残念ながらイエメン料理は無くな

り、代わりにダン・パノラマホテル内のとあるイタリアレストランで、禁断の食べ物である豚肉料理を食べることにしている。ここはポークステーキなどの豚肉料理もある。

コーヒーはトルココーヒーが一般的だが、それと並びネスカフェがレストランのメニューにも載っている。ネスカフェはスイスに本社のあるネスレの商品名であり、言わずと知れたインスタントコーヒーの代表だ。

ただし、ネスカフェといった場合、トルココーヒー以外のものを指す。つまり、ドリップ式で入れたコーヒーもネスカフェとなるのだ。トルコとこの点では同じである。オスマン・トルコ帝国の支配下にもあったので、その影響であろうか。ちなみにインスタントコーヒーも、もちろん一般的には飲まれている。

ハイファには、学生会館が三〇階ビルとして知られるハイファ大学がある。この中のハイファ大学付属博物館を訪問したが、とても充実しているのには感心させられる。館内には、大学が関わった調査、ガリラヤ湖南端の〝オハロ〟遺跡の出土品も展示される他、古代ローマ、エジプトの所蔵品も展示されている。

さて、港町ハイファのシンボルともいえるのが、バハイ教神殿だ。バハイ神殿は美しい庭園をもつバロック様式のバハイ教の廟で、ハイファのランドマークになっている。

バハイ教は一八一七年にイラン、当時のペルシャのバーブ(本名セイエド・アリ・ムハマド)

アッコ

から始まるバーブ教が前身で、男女平等などを訴え、一八四四年イスラムから離脱した。

　イラン生まれのバハオラ（本名ミルザ・ホセイン・アリ）がバハイ教としてまとめ、バハイ教としたが、当時のトルコの支配下であったアッコに投獄された後に、郊外の家で過ごしたという。ここに彼の廟がある。

　ハイファの廟は、最終的にカルメル山に埋葬されたバーブのために一九五三年にできた。バハイ教徒は世界中に五百万人以上もいるが、彼たちにとってここが聖地となっている。

　廟は美しい庭園に囲まれている。廟は見学自由だが、庭園は予約をしないといけない。外から見ても美しい庭だが、中に入ると一層美しく、かつ手入れされている。最近では日本でも知られている紫色をしたジャカランタの花が五月の頃には美しく咲いている。

この地域においてはいずれの宗教でも庭は愛され、象徴となる天国を意味する「パラダイス」なのであろう。

朝の散歩をしながら街を眺めると、朝日に輝くバハイ教の神殿と庭、ダウンタウン、その先には港、地中海が見える。近くには子供たちが遊び、老人たちもユッタリと散歩を楽しんでいる。平和な風景である。

湾岸戦争のとき、ハイファァのショッピングセンターにもイラクから飛んできたスカッドミサイルが着弾した。幸いなことに負傷者はいなかったとも言うが、こんなリベラルな街にも傷跡は残る。

港町ハイファァより北にある街々の中では、港町らしさが至る所に溢れて魅力的なのがアッコだ。ハイファァよりも歴史は古く、フェニキア人の港町となったのは紀元前一五世紀になる。それ以前もエジプトの資料に登場する。

ご多分にもれず、城壁に囲まれる旧市街と外側に広がる新市街とからなり、旧市街に住んでいるのはアラブ人だ。

見所はもちろん旧市街である。城壁を通り直ぐに目にするのが、オスマン・トルコ時代に知事であったアフマド・パシャ・エル・ジャッザールの名がつく「ジカーマ・アル・ジャッザール」で、彼によって一七八一年に建設されたモスクである。モスクの中には「ムハンマドの頭髪」とされるものが保存されている。

モスクの前には土産物屋が立ち並び、門前町の様相だ。水煙草の道具、お菓子屋、それからフレッシュ・ジュース屋さんなど面白いものがあってなかなか先に進む勇気がない。

ここをまっ直ぐ歩くと、十字軍時代の街に到着する。天井に四つのアーチからなる弓稜天井が見られ、カイサリアに残る十字軍時代の要塞と同じような構造をもち、ヨハネ騎士団の住居もある。

誘惑の多い街中を真っ直ぐに歩くと漁舟が浮かぶ港に出る。潮風がタップリの岸壁近くの岩には子供たちがいて、海に向かって飛び込みをしている。南には丘の上に広がった美しいハイファの町並みも見える。

岩壁では数人の釣り人が海に向かって釣り糸を垂れ、のどかな光景が見られる。釣れた魚はと見ると、大形のボラであった。

アッコの北、レバノン国境近くにあるのがナハリヤである。「ロッシュ・ハニクラ」と呼ばれる洞窟が有名だが、ロープウェイで降っていける。地中海の波によって浸食された洞窟が広がり、その一部を利用した洞窟レストランもオープンし、ひんやりして気持ちが良い。

足もとを見ると、黒いものが点々と見られる。黒いものはガラス質のフリントと呼ぶ石で

タボール山

硬度があり、割れ口はナイフのように鋭い。人々は何万年も前から石器として利用してきた。一帯はフリントの産地となっている。

ハイファのあるカルメル山系に沿って内陸の南側には、イスラエルでも最も豊かなエズレル平野が広がっている。スイカ、ヒマワリと綿花も盛んに栽培されている。

イエスが白く輝いて変貌したと言う「変貌の山」であろうと考えられている柔らかなスロープを持つ美しいタボール山も右に見える。

これを主題にして描いたルネサンスの画家ラファエロ（一四八三〜一五二〇）の絵画は知られていよう。

平野の東端には、東西南北を結ぶ交通の要所メギドジャンクションがある。東はガリラ

郵便はがき

料金受取人払

諏訪支店承認

2

差出有効期間
令和5年4月
30日迄有効

3 9 2 - 8 7 9 0

〈受取人〉

長野県諏訪市四賀229－1

鳥影社編集室

愛読者係　行

ご住所　〒□□□-□□□□	
(フリガナ) お名前	
お電話番号　(　　　)　　-	
ご職業・勤務先・学校名	
eメールアドレス	
お買い上げになった書店名	

鳥影社愛読者カード

このカードは出版の参考にさせていただきますので、皆様のご意見・ご感想をお聞かせください。

書名	

① 本書を何でお知りになりましたか？

i．書店で
ii．広告で（　　　　）
iii．書評で（　　　　）
iv．人にすすめられて
v．DMで
vi．その他（　　　　）

② 本書・著者へご意見・感想などお聞かせ下さい。

③ 最近読んで、よかったと思う本を教えてください。

④ 現在、どんな作家に興味をおもちですか？

⑤ 現在、ご購読されている新聞・雑誌名

⑥ 今後、どのような本をお読みになりたいですか？

◇購入申込書◇

書名　　　　¥　　　　（　　）部

書名　　　　¥　　　　（　　）部

書名　　　　¥　　　　（　　）部

ヤ湖へ、西はそのまま走ると地中海に行き、北はハイファ、南はジェミンへと道は伸びる。

　そこに巨大な丘がある。もちろん自然の丘ではない。発掘により中央部が大きく欠けているが、これが有名なテル・メギドである。即ちメギド遺跡で、実に堂々として目立つ。

　テル・メギドのあるエズレル平野は、イスラエルで唯一東西に開けて、今もだがかつてもエジプトとメソポタミアをつなぐ交通の要衝で、古くからある大きな都市だった。テルであるから、もちろん様々な時代の都市が積もる。

メギド遺跡の祭壇

　キリスト教では、「ヨハネの黙示録」の中で人類の最終戦争の起こる地とされ、ハル（テル）は丘、メギトから「ハル・メギド」、即ち「ハルマゲドン」として知られている。

　考古学的には青銅器時代、紀元前一四五七年、エジプト新王国時代のトトメスⅢ世がメギドを中心としたカナン人の都市国家と戦った。この時代、カナンには大都市が造られ発展していた。いずれの遺跡も整備され、付属の博物館とも見学することができる。

最も深い場所には、石を積み上げ捧げものをした「高き所」と呼ぶ円形の祭壇も残され、鉄器時代の「ソロモンの厩舎」と呼ぶ建物などもテルの上から発見されている。

トトメスⅢ世は義理の母親であった平和主義者のハトシェプストと違い、この地の植民地化を進め、「エジプトのナポレオン」とも称されている。

また後の宗教改革王で、日本ではツタンカーメンとして知られるトゥト・アンク・アメンの父親とも考えられるファラオのアクナトンの都アマルナから発見された文書にもこのメギドの名前が書かれていた。

その後、ソロモン王によってハッツォール共々都市が再建されたが、紀元前七三三〜七三二年、侵攻してきたアッシリア王ティグラトピレセル三世により占領されて以後は衰退してしまった。交通の要衝にあるがゆえに、当時の大国の狭間に入って翻弄されたのだ。

⑵　ローマ帝国の遺産

1 海沿いの街カイサリア

地中海側のアフリカと中近東には、ローマ時代の遺跡が数多く残っている。ローマを感じたかったら、ヨーロッパではなくこの地に来るのがベストではなかろうか。

古代ローマ帝国というのはヨーロッパ世界ということだけではなく、地中海帝国というのが理解でき壮大さに感激する。ローマは本当に圧倒的な存在感をもっている。

地中海に面するカイサリアは、名のとおりローマの駐屯地であった。ハイファからだと地中海に沿って南に降り、四〇分ほどで到着する。ここから南に同じくらい走るとテル・アヴィヴに行ける。

街の起こりは、前二世紀に交易の民であったフェニキア人の港からとされるが、その後、建築王ヘロデ王によって大規模化され、ローマ皇帝アゥグストゥスに因んでカイサリアと呼ばれた。歴代派遣されるローマ総督はここに居を構え、睨みをきかした。

イエスに死刑を宣告し、処刑したことで知られるローマ総督ピラトだが、彼の名が記載された銘文もここで発見されている。実物はエルサレムにあるイスラエル博物館に展示されて

水道橋

いるが、ローマ劇場の前にレプリカが置いてある。

ピラトの存在は伝説ではなく、実在の人物であった。時代はローマ時代で約二〇〇〇年前の話だ。地中海世界の中では、僻地であったこの地でも個人が分かるのだ。

古代ローマ人はお風呂を含め大量に水を使うため、水を街へ運ぶための水道橋を建設し、今日でもその水道橋が八キロ以上も残る。水を延々と街に引っぱってくるのに、野を越え、山を越えて水道橋を各地に建設した。

けっして水が豊かではない地で、水を利用するために多くの労力をさく。その情熱には感心する。それも古代ローマの知恵と思うが、目の前にたとえ川が流れていてもそれから取水することは絶対になかった。上流の清い水を利用した。そうした配慮は伝染病を避けるなどの点で有利であったに違いない。

パリでは上水道の取水口近くに下水が流れていたという、笑えない話が伝わっている。これは古代ではなく近世である。清浄な水を利用したローマ人の知恵が生かされていない。

古代ローマに「パンとサーカス」という言葉がある。パンは食料品、サーカスは娯楽を意味する。これは皇帝がローマ市民に与えたサービスである。

ムギ栽培をしていたオリエント、ヨーロッパ世界なのだが、オリエントの生産性は高く、中でも、メソポタミア、エジプトはとても豊かだった。食べものとしてだけではなく飲み物のビール、それから家畜の飼料にするほどであった。

エジプトを征服したことで、ローマは極めて豊かとなった。エジプトは皇帝直轄領となり、そこからの産物は皇帝の権威をいやが上にも高めた。まさに繁栄はオリエントのお陰なのだ。

食足りて豊かとなった人は娯楽に走る。劇場、闘技場が知られるが、中でも競馬場で開催される御者によって操られる四頭立て馬車による戦車競走のチャリオットレースこそ、数あるローマの競技でも最も華のあるものだ。当時、ローマが進出した地には必ずこの娯楽場を建設した。

一九五九年の古い映画になるが、ウィリアム・ワイラー監督、チャールトン・ヘストン主演による『ベン・ハー』という映画がある。調査が始まった一九九〇年、日本を発つ数日前

チャリオットレース場

にこの映画がテレビ放映され、これを見ていたボランティアがとても多かった。

彼の履いていた皮サンダルを、私は「ベン・ハー・サンダル」と勝手に呼んでいるが、これが意外に大人気で、現地のキブツで生産しており、皆こぞって手に入れていた。

『ベン・ハー』というタイトルは「ハー家の息子」という意味で、彼の名前はジュダ・ベン・ハーである。ユダヤ人にとって大事な言葉の一つに「ベン・アダー」というがある。「アダムの息子」で、人は神が創造したアダムの息子であることを強く意識させるのだ。

カイサリアにも「チャリオット」を走らせる戦車競技場のヒッポドロムが建設され、発掘で全容が明らかとなっている。『ベン・ハー』の勇壮なレースのシーンを思い浮かべる。

ローマシアター

また、ローマ劇場跡もある。舞台は復原され、観客席に座ると正面には舞台越しに真っ青な地中海が見え、潮騒が聞こえてくる。

ここで、ズービン・メータ指揮によるジュゼッペ・ヴェルディ（一八一三〜一九〇一）のオペラ『アイーダ』も上演された。ヨーロッパでも夏の野外劇場は良く知られるが、天候で中止になることも起きる。ここの夏は絶対に雨は降らないから大丈夫だ。

オペラは一六世紀にイタリアで生まれたもので、古代ギリシア演劇の再現という性格をもつ。かつて古代ギリシアでは、劇場を中心にしてディオニュソス祭が行われていた。このとき、合唱隊ココスが歌い踊った場所がオルケストラ、「歌舞の場」で今日のオーケストラの語源だ。ココスはコーラスとなった。

こうした劇を演じるためにできたのがテアトル、つまりシアターとなる劇場である。

ディオニュソスは民間信仰で広く信じられ、狂乱の神として知られる。だから、ワインの神でもある。アルコールが作用し性的にも開放される。そうした狂喜乱舞こそが実り豊かな豊饒をもたらすということになる。エロティックな儀礼は、農耕民族の中に特徴的だ。歌舞音曲は今でも原理主義の人々は人を惑わすものとして排除をする。

エジプトを脱出したヘブライ人達が、モーゼがシナイ山に登っている最中にもかかわらず、麓で狂乱した場面もそうしたものだ。日本の酒の上の無礼講も豊饒の祭りからで、「人妻に我も交じらん」と歌った筑波山の歌垣も同じである。

ワインはビールと共に今日のイラクに興ったメソポタミア文明生まれだが、ギリシアのワインの誕生には狂乱の神ディオニュソス、ローマ風に言えばバッカス神がブドウの栽培とワイン作りを教えたと神話は語る。

アルコールは人をハイテンションにさせ、狂乱もさせるもので心が解き放たれる。だからイスラムでは禁止なのであろう。

ディオニュソスの母親はテバイの王女のセメレ、父親はゼウスで、そのことによりゼウスの正妻ヘラの嫉妬が向けられる。セメレは死ぬが、ゼウスは彼女のお腹から胎児を取り出し、自らの太股の中に埋め込み育てた。そして誕生したのがディオニュソスである。

だが、ヘラはセメレを殺しただけでは収まらず、赤ん坊であった彼を引き裂いてバラバラにした。そのとき流れた赤い血から産まれたのが、果物のザクロという。

ザクロも聖書の中ではブドウ、小麦に次いで第三位の地位を占めるほど頻繁に出てくる食べ物で、それだけ重要な位置を占めているという証拠である。

東方の世界で、お釈迦様が人の子供を掠《さら》っては食べるという鬼子母神を諭すために、人肉の味がするザクロを代償として与えた話というのも、関連が無いわけではない。ザクロは肉と血の味をした果物ということになろう。

この後、ディオニュソスは祖母レアによってバラバラになった身体を元に戻してもらったが、執拗なヘラによって頭も狂わされて広くオリエント世界を放浪し、遠くはインドまでさまよったという。ザクロにまつわる物語は、東の文化と接触してこうした話となったのだろうか。文化的なことを考えさせられる。

その間にブドウ栽培とワイン造りを発明し、各地に広めていったと神話は語っている。ローマでいう酒の神バッカスの誕生だ。放浪は人生の糧となった。

潮騒を聞きながら劇場を見ていると、東西文明と歴史を考えさせられる。

ヒッポスのローマ遺跡

2 ローマの街々と遺産

エン・ゲブの東側、ゴラン高原側に切り立って独立した山のように見えるのが、ヒッポスである。これもローマ時代の遺跡だ。ここから眺めるガリラヤ湖は素晴らしい。

頂上に行くと建物跡が残り、柱が累々と倒れているが、中には赤色花崗岩製の柱も見られる。これは、遠くエジプトのナイル川上流、かつてのヌビア地方、アスワンの特産品として知られる石材だ。

古代エジプトのファラオたちも、石棺はアスワン産、オベリスクと呼ぶ塔もアスワン産のものを盛んに利用した。ナイル川を下り、運ばれている。良質な石ということだけではなく、この石材を使う

ハマト・ガゼルの遺跡

という何らかの意味があるのかもしれない。

ガリラヤ湖の南端からヤルムーク川に沿ってやや東に向かうと、ヨルダン国境に近い場所にハマト・ガゼルがある。古代ローマの温泉保養地となっていた所で、当時の設備もうかがえる。もちろん遺跡も保存されており、温泉も当時利用した泉源が今日でも湧き出ている。

それと共に動物公園にもなっており、ワニを数多く飼育し、訪れた観光客の注目を浴びている。むろん現代の温泉施設もある。ロッカールームで着替えての水着着用だが、中は男女混浴となっている。ジャグジー付きのプールもある。温泉は上質でとても気持ちが良い。

ただし、この温泉地を造った人々はここに住んでいたかと言えば、実はそうではない。その人たちは、ここから南の方向にある地溝帯を望む今日ではヨルダン領になるウム・カイスの遺跡を残した人々であった。中心になる大通りのカルドマキシマムが見え、累々とローマの都市跡が残っているが、建物はこの地域に豊富に産出する固い玄武岩を使うため、火災にあったのではないが、全体に灰色であるのも特徴である。

ヨルダンのウム・カイスからハマト・ガゼルを眺めると、遠くガリラヤ湖が夕日に輝いていた。かつて国境はなかった。温泉に入ってリラックスしようと保養地に通ったローマ人の姿も浮かぶ。そんなとき、ふと、歴史を感じさせるのだ。

同じ温泉地としては、エン・ゲブの対岸にあるガリラヤ湖観光の中心地ティベリアも同様な街として発展した。ここはローマ初代皇帝アウグストゥス（前四二～紀元後一四）を引き継いだ二代目皇帝のティベリアス（前四二～紀元後三七）の名前をいただいた街だ。市街の南に温泉施設があり、今流行のエステ設備も備わっている。水着で入浴する。

イスラエルにあるローマ遺跡ではカイサリアの他、ベトシャンなどもその全容をうかがえる。

ベトシャンはガリラヤ湖のやや南の地にある。夏に訪れると湿気と暑さで参ってしまうが、交通の要衝でもあった地であった。古くから重要視され、古代エジプト支配下の時期はエジ

ベトシャン―正面はテル

プト軍の駐屯地も設けられ、司令官もいた。この時代の遺跡はテルとなって残っている。

オリエント的なとても大きなテルが目立つが、ローマ時代になって大規模な街を建設するためにテルを降りた。テルをバックに壮大な街が広がり、カルドマキシマムが伸び、その先にローマ劇場がある。ローマ劇場もかなり復原され、舞台で歌うと実によく響き渡る。

とても絵になるが、列柱が同じ方向に累々と倒れている。それは地震による。ヨルダン渓谷は大断層で出来たもので、ガリラヤ湖畔の街もそれで壊滅してしまった。

ベトシャンも発掘調査が進み、倒れていた列柱を建てて復原し、街の構造も見ることができる。計画性のある街ということが理解できる。遺跡として残る浴場だが、かつては日

カナの教会

本の都会にもあるような様々なレクリエーション施設が整っていた。

そこには春をひさぐ女性も働いていた。日本の江戸時代の「湯女《ゆな》」も同じものだろう。そのようなものだったから、キリスト教徒は風呂を罪悪の温床だと盛んに抗議した。

古代ローマ人は現世享楽主義者で、生きている限り人生を多いに楽しんだ人たちだった。生きているこの世ではなく、来世に救いを求めた人たちとは生き方が違うのだろう。

またこの時代はイエスが生き、十字架刑を受けた時代でもある。

彼が育ったナザレ近郊には、婚礼の際、ワインが足りないのを心配した母マリアの求めに応じ、イエスが水をワインに変えたという伝承が知られるカナの村がある。近くの売店にはこれにあやかった「カナのワイン」も販売され、訪れた多くの人で賑わっている。ルーヴル美術館収蔵の大作を画いたヴェネツィア派のパオロ・ヴェロネーゼ（一五二八〜一五八八）をはじめルネサンスの画家たちが好んで題材にした「カナの婚礼」として知られる話である。

今はフランシスコ会の教会が建つが、この婚礼はいったい誰の婚礼であったか。共に出席し、母親マリアは列席者に饗されるワインの不足を感じる。婚礼の場でマリアを心配させるようなことは、ごく近い身内に限られているはずだ。

同じナザレの近郊にセッフォリスという街がある。遺跡にはあまり観光客は訪れないのだが、素晴らしいものが残されている。鉄器時代からローマ・ビザンティン時代にかけて営まれた街で、小高い丘の頂きには十字軍時代の要塞もある。

ここはガリラヤの中心都市であった地で、とくに古代ローマ時代のものが素晴らしい。一世紀に建設された半円形の劇場もある。また三世紀のものとされる大邸宅跡があり、その床に残されたモザイク画はとても秀逸だ。

モザイク画というのは、テッセラという石片を組み合わせて絵柄を形作る。山下清の「ちぎり絵」を考えたら良い。モザイクが細かいほど手が入っていることになる。遺跡として残っ

ガリラヤのモナリザ

ている市街のモザイク画もあるが、この大邸宅のものは圧倒的に素晴らしい。

そのモザイク画の中に「ガリラヤのモナリザ」と呼ばれる美女が静かに佇んでいる。その素晴らしさは言葉に表し難い。うっすらとした頬紅も見える。こんなに美しいものを見たことはない。絵を守るためにしっかりとした上屋を持つ空調完備の覆い屋の中に保存されている。ほの暗い照明の中に美しさが溢れている。

(3) 灼熱の死海周辺と南部

1 人類最古の都市エリコなど

たとえカナヅチでもプカリと浮く不思議な

死海に行くには、ガリラヤ湖からはヨルダン渓谷に沿って対岸のヨルダンの村々を車窓に眺めながら南下を続けると、二時間半ほどで到着する。

エルサレムからは死海に向かって東方向、エルサレムは標高七〇〇㍍、死海はマイナス四〇〇㍍なので、およそ一一〇〇㍍の比高差がある。海面の位置を示した看板を見ながら一直線に駆け下りていく。

その死海入り口、北西に位置しているのが有名なエリコの街である。英語読みでは「ジェリコ」、今日のパレスティナ自治区の中心の街である。まるで人間を拒むかのように荒野の続く一帯の中に島のように浮かぶ緑豊かな地で、考古学的にもとても重要な遺跡がある。

エリコはユダの山々に降った雨が泉となって湧き出す大オアシスの街である。緑豊かなナツメヤシが生い茂り、鮮やかな色をしたオレンジもたわわに実っている。

水の湧き出す泉に足をつけると、ヒンヤリとしてとても冷たい。周りが荒涼とした炎熱の地であることを忘れてしまう。かつての旅人も灼熱の地を歩いてやっとたどり着き、この地は天国とも思えたであろう。

私は一九八三年に初めて訪れ、オレンジジュースを飲んでそのあまりの美味しさにビックリしたが、二〇一一年に訪れた際も変わらない美味しさであった。オレンジジュースが乾い

エリコ遺跡

た喉、身体にしみいっていく。生き返るというのが本当のところで、確かにこうした果物があるところが天国なのであろうと考えたのが理解できる。

その今日のエリコの町外れた北端、道路横に小山のようになってテルとして残っているのが、かつてのエリコである。

エリコの遺跡は旧約聖書の中にも出てくる都市で、「出エジプト記」、「ヨシュア記」に記載される。

エジプトで奴隷として働かせられていた人々を救おうと立ち上がったのがモーゼだ。彼がリーダーとなってエジプトを脱出し、シナイ山で神との契約である「十戒」を受ける。

だが、モーゼは約束の地カナンを目前にするがこの地に入れず、後継者ヨシュアはヨルダン川を渡り、遂にカナンの地へ入るが、そこにあった都市が要塞堅固なエリコであった。だが、ラッパを吹き鳴らし、街を七度廻ってヘブライ人が一斉に叫ぶと、さしもの堅固な城塞も崩れ去った。神は「皆殺しにしろ」と非情な命令を下す。老幼男女のみならず、ヒツジ、ヤギなどすべての動物も殺害されてしまった。

ヨシュアはこうしてエリコを征服し、皆を率いて北に向かいカナンに入ったと記載されている。

以上は旧約聖書の話だが、考古学的にエリコが広く知られるようになったのは、世界最古の都市ということからであろう。都市・農耕はユーラシア大陸の西部では、「肥沃な三日月地帯」として知られるパレスティナを含むオリエントより生まれたものとされている。

ここエリコも今日まで数回発掘されたが、最も知られているのはイギリス人の女性考古学者ケニヨン（一九〇六〜一九七八）による発掘だ。

彼女は「ケニヨン方式」と呼ばれた精緻な調査をおこなった。そして最も古い城壁の発掘に成功し、科学的年代測定によって前七〇〇〇年という年代が出た。また城壁は一〇〇〇年の間に一七回も作り直されたことも分かった。およそ六〇年の間隔で災害、戦乱が起こっていたことになる。

だが年代は、ヨシュアによる征服のはるか前である。ヨシュアに率いられたヘブライ人がカナンに入ったとされる前一六〇〇～一五〇〇年前のものは、残念ながら確認することはできなかった。

カナンの地に住む先住民カナン人は都市の民で農耕民族、そして商業の民でもあった。本来農業と都市は一緒のもので、農民は市民である。

聖書において語られる話がどこまで史実か、史実ではないかは分からないが、少なくともイスラエルの人々の生活は農耕ではなく遊牧であったようだ。それもラクダなどではなく、ヒツジなどを飼って生活する人たちであった。豊かな都市の生活をチラチラと羨ましく見ながら、半ば夢を見て都市周辺に暮らす遊牧民族と考える方が良い。気になる存在が都市の民である。だから、相手に隙あらば何とかして潜り込んで享楽的な都市の生活もしたいわけだ。その点で、純粋な遊牧民族とは少し違う。

文化的に見れば、この地で暮らしていた先住民のカナン人とは物質文化、つまり生活レベルでもかなりの差が見られた。

カナン人は北の岩礁地帯では沃野が無いため農業はできず、立地を生かして商業の民となる。その証拠にカナン人の言葉とフェニキア人の言葉は似ている。

今日のヨーロッパ人の使うアルファベットの起源はフェニキア文字から、そしてその原型はカナン文字からである。カナン文字をフェニキア人が地中海世界に広げていった。

ギリシア語ではアルファベットはアルファ、ベータからきたものだが、これはカナン語のアルプ（雄牛）、ベイト（家）からで、それぞれ意味ある言葉として生まれたわけだ。

カナンから見た南の大国エジプトの象形文字、北の大国メソポタミアの楔形文字は極めて難しく、文字というのは特権階級の独占物だった。文字数も極めて多い。学校に通い、優秀なものは書記になれた。文字を書くことのできる書記の地位は極めて高い。

こうした難しい文字を極限まで切り詰めたのがアルファベットなのである。おかげで文字は一般化した。私たちもお世話になっている。

このカナン文字で書かれた世界最古の農事暦が知られている。エルサレム近くのゲゼルで出土したもので種まき、収穫の月を記載した暦だ。現物はトルコのイスタンブールにある考古学博物館に所蔵されている。

カナン人は先住民だったが、侵入者によって追われて敗北したが、ヨーロッパ文化にも大いに貢献した。特別な人のためだけであった文字を一般化した貢献は大きい。

当時、カナン人は東からヘブライ人、西からはペリシテ人という二つの民族から攻め込まれていた。東の山から、そして西の海からも侵入者たちが押し寄せてきたのだから、先住民族のカナン人も大変だったはずだ。

ペリシテ人は、この地域に動乱をもたらした「海の民」と呼ばれた人たちの一派で、文化的には既に鉄器をもつ先進性の人たちである。キプロスの方からやって来て今のガザなどがある地中海に沿った海岸地帯に住み着いた。

この地に暮らしていた先住民から見れば、ヘブライ人とペリシテ人は両者ともこの地にやってきた侵入民で、二つの民もそれぞれライバル関係になる。

新来者であったヘブライ人とペリシテ人との争いが「サムソンとデリラ」で、後にイスラエル統一王国を建設するダビデと巨人ゴリアテの戦いも有名な話だ。

ルネッサンスの都フィレンツェにあるミケランジェロ（一四七五〜一五六四）によるダビデ像は知られていよう。鉄の武器を持つライバルのペリシテ人ゴリアテに対し、石の武器で挑戦した。ペリシテ人も最終的には土地争いに負けて吸収されていったが、パレスティナという言葉を残す。この言葉はペリシテからきたもので、今日では政治的にはヨルダン川西岸をさしている。

しかし、そもそもかつてこの地を巡って土地争いをした民族が名を残し、今なお土地争いが続くのは歴史の皮肉であろうか。

ところで、農耕と遊牧というライフスタイルの違いは単なる生活上の差だけではなく、思想も別物であると考えるのが良かろう。

つまり神も違うということになる。だから民族と民族の対立は神と神の対立でもある。神も生き残りをかけて人と一体となって戦う。その過程で、お互いに影響を与えていく。カナン人の宗教は人身御供を伴う教義であった。それも長男は神に捧げなければならなかった。なぜならば「長男は初子、神のものだから」だ。

これを聞くと、キリスト教においてイエスが磔刑に処せられたことを思い出しはしないだろうか。そのような風習は神の子である……を最後に、終わりということになるのだ。いろんな宗教が影響しあって、交差している。

エリコ遺跡の北に「誘惑の山」と呼ぶ地がある。この地は「新約聖書」において、イエスが悪魔から「激しい修行は止めたら」と誘いを受けたが、退けたことで知られている。

また今は完全に撤去されたが、かつてはこの一帯にかけてパレスティナ難民キャンプ跡が累々と残っていた。日干しレンガの半ば崩れかかった家々が密集していた。乾き切った大地にまったく人の姿が見えない。何とも言えない気持ちになる。

空き屋となったのはいわゆる六日戦争（一九六七年六月五日～一〇日）の勃発後で、イスラエルがこの地を占領した結果だ。占領されるのを嫌った人々はヨルダン川を越えてヨルダンへと再び難民となっていったからである。

2　驚愕の遺跡群と死海

死海に沿って少し南に行くと、ヒルベト・クムラン、つまりクムラン修道院跡がある。そしてそのまま南下を続けると、温泉もありエステ設備が充実しているホテル群が林立する一大リゾート地エン・ゲディがある。その先が有名なマサダとなる。

死海一帯にはどれもこれも重要な遺跡が目白押しだ。ただし、絶対に水は忘れないようにしたい。たちまち脱水してしまって熱射病になり、命の危険にさらされる。

死海文書発見の洞窟

クムラン教団跡の背後に迫る断崖から一九四七年、大発見があった。ヒツジがいなくなったのを心配して探す内、崖の洞窟に石を投げると壺が割れるような音がした。何事かと思って洞窟に入った牧童のベドウィンの少年が、壺に入った巻物を発見する。

それが世に名高い「死海文書」で、それまでのロシアのサンクトペテル

クムランの遺跡

ブルグの写本を二千年以上遡るものだった。相前後して教団跡も発掘され、死海の側の荒れ野で集団生活をしていた人々の姿が浮き彫りにされた。パン焼きカマドも発掘され、自給生活をしのべる。そして男子だけでなく、女性、子供の遺体も発見された。

発掘された遺跡は保存修復され、展示館には出土した資料の他、当時の生活を復原したビデオが放映される。

イスラエルでは国民意識を高めようと遺跡には展示館を造り、しかもバーチャル設備が多い。良い悪いはともかくも、しっかりと遺跡は過去に留まらず活用されている。

ところで、イエスに洗礼を授けたのが洗

礼者ヨハネである。ヨハネはこの近くで活動し、クムランの教団から影響を強く受けたといわれている。メシアの思想、洗礼というものもそのひとつだ。同様に、後のキリスト教も意味が変わりはするが、繋がりが考えられる。

彼らがいかなる理由で聖書を裏の洞窟に隠したのか、これは今もって謎として残っている。発見された死海文書は、エルサレムにあるイスラエル考古学博物館内の「死海文書館」に収蔵されている。

マサダと死海

ここから死海と荒涼としたゴツゴツした岩肌に沿った道路を走ると、右側に特徴的な山が見える。そこがマサダで、頂きに登ると死海を我が庭のように見下ろす場所だ。

ヘロデ大王が造った別邸があり、後の玉砕の地としても知られる。東側の死海に向く方向は崩れ落ちてしまいそうな断崖絶壁となり、北側、南側も同じで孤立している。

時はローマ支配下、武力闘争をしてローマを排除しようと反乱が起きる。六六年の話だ。暴君として知られるネロの時代で、ウェスパシアヌスが鎮圧に向かった。

彼は後に暗殺されたネロを引き継いで皇帝（在位六九～七九）となり、現在もローマ市内に残るコロッセオ建設を思いたった人物である。まず北部のガリラヤ地方から鎮圧していった。

六九年にはウェスパシアヌスの息子で、後に皇帝になるティトゥス（在位七九～八一）がユダヤ制圧に派遣されている。七〇年、遂にエルサレムは陥落した。火をかけて焼き払うが、その時の状況が考古学的な発掘調査により判明し、見学することもできる。台所の片隅には、女性の遺体が残されている。

そのときにエルサレムの神殿にあった燭台を運ぶ姿が、ローマにある「ティトゥスの凱旋門」のレリーフに戦果として残されている。

強硬な反乱軍は幾つかの場所で立て籠もりローマ軍に抵抗するが、悲惨な結末を生んだ。六七年にガムラ、七三年にエルサレムが陥落した後、最後の抵抗勢力が立て籠もったのがマサダである。

ガムラでは絶壁から五〇〇〇人も身を投げたことが知られ、マサダでは九六七人が籤引きにより命を絶つ順を決められ、最後の七人を除いて死に至った。籤引きを決めた陶片も発見されている。実に悲惨な戦いであった。

立て籠もった反乱軍を制圧するために、最終的にローマ軍は西側から営々と斜堤を造って突入し、攻略した。建設した斜堤は今も残っている。この反乱を最後にこの地は鎮まった。今日、イスラエル軍の宣誓式はここで行われる。「リメンバー、マサダ」が合い言葉となり、精神的なシンボリックな意味をもたされている。

ところで、かつてイスラエル軍のトップ、独立戦争を戦った参謀総長であったイガール・ヤディン（一九一七〜一九八四）は後に考古学の世界に身を投じ、先のガリラヤ地方のハツォールを含めいくつか重要な発掘に携わっている。先の死海文書を解読したのは彼の父親であった。

マサダもその一つで、一九六三〜一九六五年にかけて世界各国から多くのボランティアに参加を呼び掛けて発掘をおこなった。成果は『マサダ』という本になっており、日本語訳もある。

マサダには、死海に面した東側からクネクネと折れ曲がった「蛇の道」と呼ばれる道を歩いても登れるのだが、一般的にはロープウェイに乗って頂上まで一気に行くのが最も便利であり時間も短縮できる。ロープウェイからは、夏なのに蛇の道を歩いている人を見かける。ロープウェイで頂上を目指して行くと、やや茶色を帯びた砂色のデコボコとした荒涼とした

ヘロデの離宮跡

大地が広がり、その向こうに青みを帯びた死海が広がる。およそ一〇分で到着する。

頂上の建物は、壁がわずか数メートル残るような状況だ。途中に黒い線が引いてあり、それより上部は復原したものということを示している。

またハト小屋もあって、何に使うかと言うと、これは伝書鳩用である。当時の通信手段としては実にフレキシブルで早かった。

北側のテラス状になった少し低い部分には離宮があり、風呂の設備も整っている。風呂好きで身を滅ぼした日本の「小原庄助」さんもかたなしだ。

風呂も含めて水を供給する設備も南側にあり、四万トンもの貯水量を誇っている。貯水槽を見ると、人間の執念、欲望、望みというかそれを改めて考えさせられる。

ただし、離宮として建設を命じたヘロデは一度も使わなかったという。こともあろうに、ローマから攻められてここがユダヤ民族最後の攻防戦の場所となるなど、夢にも思わなかったに違いない。

ヘロデは「建築王」の名に相応しい人物で、「大ヘロデ」と称される。エルサレムの神殿をはじめカイサリア、エルサレム、マサダ、エリコには「冬の宮殿」など至る所に建造物を建てた。ユダヤ人が祈りを捧げるエルサレムの「嘆きの壁」は、彼の築いた神殿の一部である。

しかし、ヘロデの父親は遊牧民族のエドム人で、ナバテア人の母親との間に生まれた。彼自身はユダヤ教徒だが、三代までの母系がユダヤ人でないものは真のユダヤ人ではないと見る人たちにとっては、怪しき人物ではあったのだろう。

母方の商業交易の民として知られたナバテア人は、ヨルダンの世界遺産としても知られるペトラを残した民族である。岩山が続く一帯に壮大な都市を造った人々で、その遺伝子を建築王のヘロデは受け継いだのであろう。

二〇一一年五月にマサダを訪れたときは、麓の砂漠の中でエジプト風の建築が出現していた。六月にオペラ『アイーダ』の公演が開催されるためのセットである。このグランド・オペラは壮大なスケールを持つが、確かにこうした風景の中では合うような気がする。

死海に浮かぶ（日本聖書考古学隊）

彼方の死海はカナヅチでも浮かぶが、それは塩分濃度が三五パーセントと極めて高く通常の海の一〇倍ほどにもなるからだ。

ヘブライ語では「ヤム・ハメラフ」、「塩の海」と呼ばれる。一部を除いて魚などはいないので「死の海」ということから、死海という。

こうしたことから漁を糧とする漁撈者はいなかったようだが碇が発見されており、古代から舟を使った輸送手段としては利用されていたようだ。

死海は単に塩分が多いだけではなく、湖底にミネラルもタップリと堆積している。効能は凄いもので、日本風にいうと「濃縮潮湯ミネラル温泉」、「源泉一〇〇パーセント」と呼んだ方が的確であろう。

温泉に入ると美肌効果でお肌がスベスベになるが、それが長期間続くと考えてみたらよい。だから、死海の周辺にはエステ施設をもった高級ホテルも林立し、美容と健康を求めて訪れる人が多い。

季節によっては死海に入るには寒いときもあり、その場合はホテル内の死海から引いた温水プールのようなものに浸かるが、そうするとまったく温泉である。どちらも水着を着用して楽しめば良い。

世界に知られた死海ではあるが、ここに来る人たちは基本的にお金持ちの人たちだ。こうしたホテルにゆっくりと滞在して過ごす。

パンフレットには若い女性が死海に浮かぶ姿がよくあるが、それは皆無と考えても差し支えはない。これはあくまでコマーシャル用で、高級ホテルに滞在しゆっくりできるのは功成り名を遂げた人たちだ。

また、ミネラルタップリの泥を体にタップリと塗り付け、しばらくしてシャワーで流すと効果覿面で、エジプトの美女クレオパトラも愛用したという話が知られる。

この死海の成分を利用しているのが『アハバ』の名で世界的にも知られる化粧品会社で、死海の側に工場があり、見学も可能だ。ショップも併設されており、日本語のビデオ、パンフレットも完備されている。

アハバではなくとも、日本で販売されている顔パックの大抵の製品には死海のミネラルを使っているともいう。また最近流行の健康関連の様々なものに利用されてもいるので、女性はそうとは知らずに意外と死海に親しんでいる人が多いかもしれない。

その死海は年々水位が下がり湖岸が遠くなっているが、それは日本のせいだとも冗談半分に言われている。

死海を離れて南下すると、保養地として名高いエイラットがあるアカバ湾に出るが、そこまでは荒涼とした砂漠が延々と続く。そこがネゲブと呼ばれる地で、その先はシナイ半島となる。乗っているバスの車窓には乾ききった土地が続く。

だが、そうした地であっても冬の一時だけ雨が降る。とても人が住めそうもないようだが、住んでいることに驚かされる。死海に面したマサダもだが、住むためにはそれなりの設備を必要としたわけで、背後に高度な技術体系が存在する。

カナン人の都市だったのはアラッドだ。今日の街もあって遺跡の方はテル・アラッドと呼ばれている。前三〇〇〇年になる都市だ。

最も南にあるカナン人の都市として知られ、発掘によって当時の街の全体像がうかがえる遺跡だ。砂漠にあるからか、街が廃棄された後も堆積層が薄く全貌が解明されやすかったのだろう。

アラッドの城跡

城壁が周囲を廻り、中の町並みも見事である。カナン人の都市設計の高度さがうかがえる。この街を歩いていると、タイムスリップしてしまいそうだ。

アブダットはナバテア人が建設した都市で、当時の隊商ルートに沿っている。キャラバンサライと呼ばれる隊商宿もつ。街が最も栄えたのは、紀元前後から四世紀にかけての時期である。都市の郊外には少ない水を利用して農耕をしていた痕跡も発見されている。冬の雨と夏の結露をしっかりと貯めていた。

日本では七夕の折に、サトイモの葉に浮かんだ朝露を集めて墨を摺り短冊に書く習慣はあったが、結露を貯めて農耕に使うとは何という発想であろうか。一滴の水も無駄にはしない、という執念には驚かされてしまう。

　世界の中でも水がとても豊かでかつ安全であり、その水を大量に消費し続ける日本人には、到底考えられもしない素晴らしい技術である。水は無限では無い。今の時代でも必要な考えだろう。

　後のイスラムの人々の灌漑設備能力にも驚かされてしまうのだが、まさにその先駆者なのだ。

　ナバテア人の文化はとても高く、「ナバテア式」と呼ばれる土器もそのひとつである。とくに祭祀用と考えられる土器は精製された粘土を使用し、高温で焼き上げており、とても薄くて卵の殻ほどの厚みしかない。上に彩紋を施したものが特徴である。

　こうした驚異的な技術を持った人に敬意を払いたい。ローマ人貴族も洗練されたナバテア土器を大いに好んだという。ナバテア人の遺跡にはこの土器が落ちているので、一目で分かる。

　身近な身の周りのものである焼き物というのは、服装などと同じで自分たち仲間というアイデンティティーを表す品の一つなのだ。

Ⅳ章

アブラハムの神は語る——エルサレムをめぐる

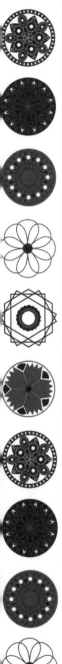

IV章　アブラハムの神は語る—エルサレムをめぐる

(1)　民族性と活動

1　アラブ商人と大阪人——大阪人は国際人

私は幸いに機会があってイスラエル各地を旅行してきたが、アラブ人が住む地域に入り込むと不思議な錯覚にとらわれる。薄暗い路地に店々が建ち並び、ごった返す人々、それから人々のざわめきと鼻につくような様々な香辛料の香り、店内にぶら下がる怪しげな品々など懐かしい気分におちいる。

最近は髪の毛と同様に少し脂も抜け、痩せて少々風貌も変わってきたが、私は人によくアラブ人的だといわれている。先祖のどこかに、きっと交易の民でもあったアラビア人の血が紛れ込んでいるのかもしれない。

アラブ人街特有の路地の中のガヤガヤとした雰囲気は市場的であり、かつてのシルクロードの姿にも重なる。こうした地に行く度にエルサレムでの光景をいつも思い出す。

エルサレムは城壁に囲まれ歴史的建造物が残る旧市街と、西側にユダヤ人が建設した新市街がある。新市街はイスラエルだが、旧市街はイスラエル占領下にある地域となっている。だが、イスラエルもパレスティナもそれぞれの首都と願ってもいる。

旧市街の中はアラブ人イスラム地区、アラブ人キリスト教徒地区、ユダヤ人地区、アルメニア人地区などに分かれている。イスラム地区の事を通称アラブ人地区、キリスト教徒地区をそのままキリスト教徒地区とも呼ぶ。

アルメニア人地区はトルコ、イランの国境付近のアルメニア地方に住んでいた人たちで、大部分は東方諸教会に属するキリスト教アルメニア派に属し、一九一五年〜一九一八年の迫害によって大量に流入して、地区を作った。

アルメニア正教、カトリック、プロテスタント、イスラム、ユダヤなど宗教も違う様々な人々が地区を分け一つの街に生活をしている。良く言えば棲み分けて共存している。

一般的には設備の整った新市街にある大規模ホテルに宿泊することが多いが、朗々としたお祈りのアザーンの声がバザールの広がる路地裏に響きわたる旧市街のホテルも雰囲気があってとても良い。

エルサレムの旧市街に行く場合、「個人で行くときは絶対にキリスト教徒地区の広がるヤッファ門から入り、ぜひユダヤ人街に行ってください。それが安全です」とユダヤの方々は心配してか一生懸命に言う。こんなとき、私の耳はザルにも等しい。熱心な忠告は右から左に抜けていき、素通りとなる。それで、他の人に対し「私の話を全然聞いていない」とはとても言えない。

ダマスカス門

もちろん華はエルサレムの旧市街で、それもアラブ人地区が絶対に楽しい。このような所へは集団でなく一人で行くに限る。しかし、朝食のとき「先生、どこに行かれるのですか」と詰め寄られ、どうにか「……」と誤魔化したのだが、どうも怪しいと思われ張っていたのか、ロビーに屯していた学生に発見されてしまった。こうなったらしかたがない。不承不承女子学生を交えた学生数名と一緒に出かけることもあった。

城壁に囲まれた旧市街は幾つかの門がある。いずれもそこから道が延びる。ダマスカス門はシリアのダマスカスへの道が続く。ヤッファ門は港町ヤッファへと続いている。

中でも一番楽しく賑やかなのが、アラブ

人地区への入り口にあるダマスカス門だ。前の広場にはナツメヤシの木が生い茂り、アラビア語が大きく表記されたバスも多数走る。アラブの地だということを実感する。門の入り口には伝統的な装束を身にまとった水売りの姿も見える。背中に大きな壺を背負い、注文を受けるとカップに注いでくれる。同様なジュース売りの姿もある。多くの人で賑わい、生活感が溢れている。

その入り口でのことだった。日本では到底見かけないようなとても巨大なナスが売っているのを見て、カメラのシャッターを切った。

ナスはこの地域では最もポピュラーな野菜の一つで、西アジア生まれの野菜である。その証拠に棘がある。痛い思いをした人もいよう。

ナスの写真を撮り終えたとき、売り手であるややお年のおばあちゃんが手を激しく振り上げて激怒してきた。すごい剣幕である。

察するに自分が撮られたようだと思ったらしい。私は一生懸命指さしてナスを撮っただけだと弁明した。だが、ワイワイガヤガヤと言っていた周りの男性たちを見ると、皆笑っているので安心した。「これは大丈夫」、ナスは写真に収めたので、足早に立ち去った。

門をくぐると、やや下り坂になっている路地にはお店がぎっしりと建ち並び、香料の香りが辺り一帯に漂い、溢れる人込みでごった返している。街の構造は古と変わらないであろ

旧市街のお店

う。今まで見てきた遺跡とオーバーラップする。

後にリバイバルもしたが、一九七九年に久保田早紀が歌った『異邦人』というのをご存知だろうか。私が大好きな歌であの歌詞が、ここを歩いているといつも出てくる。この地域は織物の産地としても知られていた。

今は死語に近いかもしれないが、「金襴緞子の帯締めながら、花嫁……」と歌われた花嫁衣装の金襴緞子《きんらんどんす》がある。モデルは福岡県飯塚の炭鉱王であった伊藤伝右衛門（一八六一～一九四七）に嫁いだ柳原白蓮（一八八五～一九六七）であったとされる。その金襴緞子はシリアのダマスカス産の織物のことをいったのだ。

もうひとつは、怪我をしたりするときの手当に使うガーゼだ。このガーゼは、イスラエル南部パレスティナ自治区の地中海に面し、何かと報道されるガザからきたものだ。ガザはローマ時代、織物の産地として名高かった。

かつてここに住んでいた人は、ヘブライ人のライバルでパレスティナの起源となったペリシテ人であった。ローマはユダヤという名を消すためにこの名を使ったという。いろんなものが交錯する。これが文化だろう。理屈と名で理解をしようとは思わないで現地に出向き頭をかき乱すと、何かが見えるかもしれない。

お店に集う人々

私もはじめて訪れたとき、頭に被る「カフィーヤ」とそれを留める輪の形をした「イガール」を買いたくてあちこち廻った。

アラブ人の姿を思い浮かべたら、「カフィーヤ」と共に「ガラベーヤ」と呼ぶすっぽりとした服も浮かんでこよう。

この服は上から被るもので、上の方にボタンが三つほどある。地位も富もある人になるとシルク、あるいはリネン製だが、これから生まれたのが今日のシャツだ。

最近とくにカジュアルではシャツをパンツの中に押し込まず、外にそのままダランと垂らしている人たちがけっこういるのだが、良く考えればこれは原点回帰ということになろうか。パンツの中に入れたら、若い子は「ダサーい」ということになってしまうだろう。「行儀が悪い」だとか言わず、やってみると汚れたものをパッと払うこともできて実に便利である。エプロンのようになると思えば良い。

彼らの衣服も今は日本製、中国製がけっこう多い。とくに日本製はとても高級品なのだが、現地指向の私としては面白くはない。

服一式買うと値段はそれなりになるわけで、やはり頭の上に被るものが手っ取り早いし、嵩張らないから持ち帰るのも楽だ。

カフィーヤは約一㍍の正方形状の布で白、黒白千鳥、あるいは赤白千鳥などの紋様が織り込まれ、端の方にボンボン状に飾りが下がる。これを三角形状に折って頭に載せ、カフィーヤをとめるバンドの役割を果たす輪になったイガールと一緒に被る。

これも部族と地位によって様々な種類がある。安物になると化繊製も多く、刺繍ではなく単にプリントしたものだ。それがシェイク級になると、仕立ての良いシルクに立派な太いイガールを引っ掛ける。イガールには金糸を飾りのように縫いつけている。みるからに威厳を感じる。

イガールの引っ掛けた方が、お洒落のセンスも決める。パレスティナを長く率いたカイロ大学出身のヤーセル・アラファト（一九二九〜二〇〇四）はやや斜め前にイガールを結ぶが、これはお洒落の証拠だろう。帽子をやや斜めに被るというスタイルと共通する。

カフィーヤは男性ファッションであるが、文化的規制を受けない異民族としては自由に使うのも良いかもしれない。女性が被ったり、ショールのように使ったり、あるいはテーブルクロスにしてもなかなかお洒落だと思う。

とある年、一緒に旧市街に出掛けた大阪出身の女子学生はダマスカス門をくぐり、道に沿って多くの土産物屋が軒を連ねている一帯を見渡すと、興奮は絶頂に達した。早速目当てのショールを買うべく、とある一軒の店に乗り込むや、さっそく交渉を開始した。

最初はゆっくりと英語でやりとりをしていたが、商品をやりとりしている内に次第に興奮してきたのだろうか。しまいには「おっちゃん。まけといてや」と、極めつけの大阪弁が飛び出したのだった。ところがこの言葉、大阪弁など分かるはずもない彼らに見事に通じた。

私はそのとき思った。アラブ人は大阪商人なり。確かにこう考えれば納得できることがたくさんある。

2 アラブ人は商人

アラブ世界というイメージはラクダに乗り、ヒツジを飼っている遊牧民を想像しがちだが、本当は交易の民という面が強い。ラクダは何しろ「砂漠の舟」なのだ。

ラクダの利用により物資をはるか彼方まで運ぶことができた。ラクダは飲まず食わずでも一ヵ月ほど過ごすことができるので、長距離向きの動物である。さすがの瘤もそうなるとしんなりとなってしまう。これがウマだとはそういかず、ヒツジ、ウシも同じである。水辺《みずべ》を要求するので、都市の周辺をつかず離れずにうろつくのが宿命となる。

彼ら自身もそのことを理解し、意識的にもラクダの民は汚れ無き純粋の遊牧民という発想をもつ。

日本でもラクダは童謡「月の砂漠を……」という歌のように、旅と砂漠をイメージするロマンチックなものと考えている人も多いだろう。

だが、今日ラクダは日本での駕籠、人力車と同様に遠い昔の物語となっている。実用としては大形のトラックに代わってから久しい。ラクダをペットとして飼育、あるいは観光用としている人も多いが、食用ともなっている。

古くから陸路はラクダを用いてシルクロード、海は舟を使って海のシルクロードを通って、いったいどれだけの物資が大陸を股に掛けて動いていたのだろうか。

休憩中のラクダ

ポルトガルの大航海時代の幕開け、バーソロミュー・ディアス（一四五〇年頃～一五〇〇）による一四八八年の喜望峰廻り、そしてバスコ・ダ・ガマ（一四六九～一五二四）による喜望峰廻りのインド航路もアラブ人の案内による。彼らは古くからここを知っていた。アラブ人は世界を股にかける交易の民であり、実に商いを楽しむ人々なのだ。

私はⅠ、Ⅱ、Ⅲ……と続く時計のローマ数字は好みだが、これで計算しようとするととても大変なことになる。一般に使われる数字はアラビア式なのである。

1、2、3……というアラビア式の数字は、コーナーの数が数字となる実に合理的な発想から生まれた。合理的発想の究極は商業である。0はインドで生まれたとされるが、コーナーが無いから0なのだ。このアラビア式の数字で計算が楽になった。彼たちが商人というのも納得できよう。

私も骨董店に並ぶローマ時代のランプをいくつか購入したとき、アラブ人との交渉で楽しませてもらった。

旧市街にはどこでどう仕入れたのか分からないが、骨董を扱う店も多い。古くは鉄器時代のものからヘレニズム、ローマ時代のランプ、壺、フェニキア、ローマガラスなど多彩な品々が所狭しと並んでいる。とくに大きさが手頃なのか、土製のランプはとても多い。

のぞくだけでも楽しい。ちょっとでも見ていいようなら、店主が直ぐに飛び出して声をかけてくるが、これもアラブ人の特徴だろう。彼らは売り買いするときも駆け引きを楽しむ。やりとりこそが商売の醍醐味と思っている。

こちらが欲しい値段を言い、それに対し答える。ということだが、思い切って安い値段を言うと、眼をむき落ちんばかりのアクションが返ってくる。

コツと言ったら変だが、なるべく貶すことと言っておこうか。「ここにキズがある。ここもそうだ。だからもう少し安く」といった感じで交渉をする。あまり露骨に買う気を見せてもいけない。交渉が決裂して店の玄関を出かかると必死になって引き留め、カップに入った濃い口の、とても甘いアラビアコーヒーを勧めながら、交渉を再開する。時間はとても掛かり、交渉が進んだと思ったら、また始めに戻ってしまう場合も多い。したたかだ。交渉で互いに歩み寄って最後に決着になる。タフな神経戦で外交交渉と一緒である。落としどころがある。

「日本人だし、おまえは自分たちに似ているから好きだ。特別に安くしてあげよう。昨日はアメリカ人だったので思い切り高く売りつけた。」と言って安くしてもらって「しめしめ儲かった。得した」と思うが、なかなかどうして、彼らが遙かにしたたかだ。しっかりとお金を巻き上げられているのが本当のところだろう。

日本では値引きということに関しても地域差がある。東京の人は値引きということをなかなか言い出せない人が多い。安くして下さいといったら、自分まで安くなったようで格好悪いのであろう。多少見栄っ張りなのも地域的な特徴であろう。かつての江戸の呉服屋が「定価販売」をしていたから、そういう習慣になったのかもしれない。

見栄っ張りもそれはそれで悪くはない。気質であろう。大阪の人は値引きの交渉するのが当たり前である。これもまた気質だ。

この点からいけば、ユダヤ人はやはり東京の人であろう。それに少しばかり京都人のエッセンスを入れればまさにユダヤ人ではなかろうか。ユダヤ人の店に行くと定価販売で値段の駆け引きはないし、その代わり商品も骨董品にも鑑定書がつき保証されはする。しかし、鑑定書が付いているからといって絶対に本物という確証はない。しかも同じものでもアラブ人の店より数倍もする。人と人との駆け引きを楽しみながら買い物を楽しむということはあまりない。

アラブ人は定価という札は付けず、人と人との関係の中で値を付けていく。それが当地の商習慣なのである。

私は市場で醸し出されるアラブ人のやや怪しげな、そしてちょっぴりと危険な、わくわくするような在り方が好きだ。それこそ商いの本来の醍醐味ではないだろうか。コミュニケーションがとても大事となろう。

しかしかつて言葉が通じない世界でしばしば行われていた「沈黙交易」以上に、人を全く介さず、すべてメールで事足らせインターネットを利用しての通信販売がこれだけヒットしている。

その日本で互いに会話を楽しみなさいとは、なかなか理解はされにくいかもしれない。これでは人と人との関係がまず一歩となる外交は難しいのではなかろうか。

東日本大震災が起きた二〇一一年五月に、社会人学習講座の受講生と共にイスラエル現地講座の旅を行い、エルサレムを訪問した。エルサレムの旧市街に行き日本人と分かると、胸の前に手を合わせ「お気の毒に」という人々も多かった。そうされると、買い物をしても値引きすることなく、相手が最初に提示してきた値段のままに購入する。

日本人の優しさを見るようだが、こちらは交渉の世界なのだ。互いのやり取りは中傷することではなく、言い寄って物事が決まる世界で、こうした買い物だけではなく互いにやりとり、つまり交渉によって決まるのは世界の常識である。言われたままでは落としどころも決まらず、相手も拍子抜けしてしまう。

アラブ人の中で生まれたイスラムは交易の民の宗教なのである。だから皆商売人だ。バザールでもしっかりと自分が納得いくように交渉したら良い。交渉したら、けっこう何とかなるもの。そんなときには難しい言葉は必要ないのだ。気持ちが伝われば大丈夫である。本当に欲しかったら時間だけタップリかけて楽しみたい。

彼らも楽しんでいる。真実は神のみぞ知る。

3 文化活動とユダヤ人

国家としてのイスラエルは別として、経済、科学、芸術活動などの分野における活動はユダヤ人と切り離すことはできない。銀行業などカトリックでは悪とされている部分に進出した。

彼らは生きるためにいち早く都市化をしたのだと考えれば良いし、教育を受けさせるのに熱心であった。アメリカにおいて、ユダヤ系はアイルランド系とともに高学歴の人々が極めて多い。

さて天才と言えば真っ先に出てくる「相対性理論」の物理学者であるアルバート・アインシュタイン（一八七九～一九五五）も、ユダヤ系であることは知られている。

オーストリアのウィーンでは「世紀末芸術」として知られる文化活動も盛んだったが、多くのユダヤ人が活躍したことが知られる。心理学者で深層心理、性の研究で知られるジークムント・フロイト（一八五六～一九三九）もユダヤ系であった。

夢というのも問題にするが、これを思うと旧約聖書にある「夢解きヨセフ」の話、それから夢も神から伝達する手段と考えるこちらの宗教との関連性を強く考える。

彼の場合は、当時のウィーンの極めて保守的な人々から、単に目の敵にされただけですんではいる。

芸術活動にも多数の人々が活躍したが、絵画、彫刻の分野は意外に少ない。これはユダヤ教が偶像崇拝を認めないという宗教的な理由からだ。その中でマルク・シャガール（一八八七～一九八五）は数少ない画家の一人で、この分野の先駆者となった。

新大陸アメリカには多くのユダヤ人が渡り、アメリカンドリームを実現していった。西海岸にある映画産業のメッカ、ハリウッドもユダヤ系の人々が作ったものである。

ヘブライ大学病院チャペル—シャガールのステンドグラス

ガォーと吠えるライオンで知られる大手映画会社であったMGMは、メトロ・ゴールドウィン・メーヤーの略称である。プロデューサーはマイケル・トッドで、奥様は映画『クレオパトラ』などに出演したエリザベス・テーラー、二人ともユダヤ系であった。『栄光への脱出』のポール・ニューマン、『剣闘士スパルタカス』のカーク・ダグラス、『卒業』のダスティ・ホフマンもそうである。

古の映画の醍醐味を復活させた考古学者が活躍する活劇『インディージョーンズ』の監督ジョージ・ルーカスも同じだ。数えたらきりがないくらいで実に多い。

ハリウッドは映像の世界であるが、これを別にすると、観念的で感覚の世界を構成する音楽は宗教的制約が無いから早くから活躍できた。

音楽家ではフェリックス・メンデルスゾーン（一八〇九～一八四七）、グスタフ・マーラー（一八六〇～一九一一）、アメリカで活躍したジョージ・ガーシュイン（一八九八～一九三七）、レナード・バーンスタイン（一九一八～一九九〇）などなど直ぐに上げられるだろう。クラシック界は彼ら抜きには語れまい。きら星のごとく輝く人々がいる。

ヨーロッパではヒットラーの台頭により、文化人も含めてヨーロッパに暮らす多くのユダヤ人が悲惨な目にあった。ヒットラーは「ユダヤ人とは劣等民族で、血の概念である」と考えた。とても恐ろしい話だ。

日本人で考えるならば神道、仏教、あるいはキリスト教徒だろうが、日本人ということでは宗教の違いは問題にはならないはずなのだ。

オーストリアのウィーンで活躍し、「金の時代」を築いたのがワルツ王ヨハン・シュトラウス二世（一八二五～一八九八）である。ニューイヤー・コンサート最後を飾る「ラデツキー行進曲」で知られる父親ヨハン・シュトラウス一世（一八〇四～一八四九）も引っかかった。

ユダヤ人とはユダヤ教を信じる人たちなのだから、キリスト教徒に改宗したらユダヤ人ではないはずだ。そうだとすると、厳密に言えばユダヤ人出身ということになろう。

だがヨーロッパでは、改宗した人たちも多く暮らしていた。しかし「改宗ユダヤ人」と呼ばれ差別を受けていた。ユダヤ人とされていたのである。ヒットラーもウィーンにおける彼の絶大な人気を気にし、市役所の戸籍を抹消してしまった。だから、ヨハン・シュトラウス一世をユダヤ人と思っていない人も多い。

それから「金の時代」に続く「銀の時代」と呼ばれる「メリー・ウィドウ」などのオペレッタ作曲家であったフランツ・レハール（一八七〇～一九四八）もユダヤ人であった。いかにもウィーン的なオペレッタもそうだった。

だがレハールはユダヤ人であったにもかかわらず、ヒットラーに厚遇されたことが原因で、大戦後、微妙な立場におかれ不遇であった。ヒトラーは壮大で空間的、三次元を感じるリヒャルト・ワーグナー（一八一三～一八八三）の曲も愛したが、ロマンチックなレハールも愛した。だがその結果、レハールは戦後苦しい立場に置かれてしまった。

ドイツの詩人ハインリヒ・ハイネ（一七九七～一八一五）も、ユダヤ教からキリスト教に改宗したのでユダヤ人ではないはずだが、彼の作詩である「ローレライ」を読み人知らずのドイツ民謡に仕立て上げた。日本では今でも「ローレライ」はドイツ民謡と思っている人も多い。ヒットラーの亡霊いまだ健在だ。

だが考えてみたらよい。ハイネのいないドイツ、シュトラウス、レハールのいないオーストリアなんて考えられもしないことだろう。狭い民族主義者にはなってはいけない。

案外異国で孤独に接した人たちが、良いものを創り出していくのも世界共通なことであろう。寛容でなければならない。このような話をしている私もその例外ではない。心したいといつも思っている。

音楽といえばクラッシック音楽の世界だけではない。音楽に合わせて男女手を取って楽しげに仲良く踊るフォークダンスだが、実はユダヤ音楽からきている。とくに太平洋戦争の敗戦後流行したものだから、アメリカの民族音楽と考えている人が多いかもしれない。

幼稚園児のとき、母親と一緒に踊っていたのもフォークダンスだった。『オクラホマミキサー』などと共に、代表的なものとして『マイム、マイム』があったはずだ。「マイム、マイム……」と歌いながら、ごまかしたのではなかろうが、後は賑やかな音楽でうやむやになっていた。確かに今にして思えば、アメリカ的ではなく異国情緒がある。

この「マイム」とは、ヘブライ語で「水」という意味だ。「水を下さい」というのをヘブライ語で言えば「マイム　ベバカシャ」となる。こちらでは良く使う言葉の一つである。この歌は、キリストの来臨を預言した「イザヤによる預言」として知られる聖書の「イザヤ書」による「救いの井戸」というタイトルからきたもので、極めて宗教的な歌なのだ。井戸を掘る歌である。

とある年、私もカイサリアにあるローマ時代の水道橋の下の砂浜で、地中海の潮騒を聞きながら、美しいご婦人に囲まれて足を引っ張りながらも「マイム、マイム」を踊ったことがある。狭い心、嫌なこと、難しいことはすべて忘れ、手を繋いで仲良く踊りましょう。きっと解決されます。

4 アクセサリーとメイクの伝統

ユダヤ人、アラブ人は固有の民族衣装を着ていたら一目瞭然だが、それを取っ払うと遠い外国人である私からみたらどちらがどちらか分からないような感じである。とくに東ヨーロッパから移住したユダヤ人はともかくも、モロッコ、あるいはエチオピアからの人などになると民族衣装を見ない限り、同じだ。小麦色をしてエキゾチックな風貌である。

共通点と考えられるのは女性がしっかりとメイクをしていることで、これは全く一緒である。ただ、より伝統的なのはこの地に住み続けてきたアラブ人のようであるし、ユダヤ人に比べてシャープである。

また、ピアス、ブレスレット、ネックレスなど私が「ジャラジャラ」と呼ぶいずれもアクセサリーを多用しているのも同じだろう。

これは現代だけのことではなく、イラクに興ったシュメール文明のウルの王墓（前二五〇〇年頃）、同じく古代エジプト文明のトゥト・アンク・アメン王（前一三六一〜

ベリーダンス衣装など

一三五二年頃）など古代からの王侯、貴族たちが身につけているものを考えても素晴らしく飾る人たちであったことが分かる。輝きというのが富と権力、何にもまして神を表すものであったのだろう。

その輝きによって悪を払うことにもなり、実際アラブでは「ジン」という悪霊を避けるためにもアクセサリーが用いられていることにつながる。悪霊に魅入られることなく、人に取りつかず、結果的に禍を避けることができる。だからしっかりとした宝石、あるいは目が多くあるトンボ玉なども効果的である。

目がいくつもあるので、悪霊がどれを見ていいか分からず、また複数の目で追い払うことができる。そうした延長がクジャクなのであろう。オスクジャクが広げた羽には複数の目状のものがある。ヨーロッパの王族がクジャクを愛したのは、そうした背景がある。

また今もトルコのイスタンブールにあるグランドバザールのように、金をはじめとする宝飾品を扱っている店が日本に比べて遙かに多いことに驚く。好みの違いはあるが、それはユダヤ人、アラブ人にも違いはない。ユダヤ人がとくにダイヤモンド産業に著しく進出しているのは承知の通りだ。

政治的にも安定し、ただの紙を印刷した紙幣がお金と通用する世界に生きている私たちに対し、様々な原因で緊張があり、政府を信用できない国に暮らす人たちにとってお金より遙かに信用できるのが貴金属なのであり、身につけるアクセサリーがこの地で発達することにつながるのだろう。

それはヨーロッパ人でもあまり変わらないようだ。

日本の方々もアクセサリーは好きかもしれないが、そこまでのこだわりはないのがふつうである。貴金属屋の主人に誘われてもお金の有る無しに関わらず、あまり興味を示さない人が一般的なようだ。

アクセサリーに対抗するには効用はともかく、顔がシンプルな我々に比べてはるかにメリハリを持つこちらの人でも、しっかりとメイクをしないと全体のバランスが保てない気はする。

この地に来るとハエが露出した顔に直ぐにまとわりつくのだけは閉口してしまう。追い払うと逃げるが、すぐに寄ってくる。これでは気力がないととても追い払う気にもなれない。以前、エチオピア難民の報道がされていた頃、子供達にハエがしつこく集まっていて「どうして追い払わないのだろう」と思っていたのだが、彼らは追い払う気力も飢餓で失せたのであろう。

たかがハエなれど、なめてはいけない。とても恐い風土病の「眠り病」がある。それを媒介するツエツエバエを追い払うために、古代エジプトでは目の回りにアンチモンの粉を塗った。しっかりと縁取りをしたアイラインは、実用的なことから始まったとされる。

ヨーロッパを中心とした地域では大きくトロンとした目のラインをシャープにするために使う。日本の女性は目鼻立ち、とくに小さな目をパッチリと大きくするためにつけるること、それから自分を目立たせるのは同じだが、それぞれまったく反対の効果を得るために使われている。

当然、それぞれ美しさを求めてアイライン、アイシャドウをポイントにという目的は共通している。いずれの地域の女性も美の追究に熱心なのに変わりはない。その原点はこの地域ということになろう。

5 食のタブーの話

この地での食のタブーは宗教に基づいており、ユダヤ教徒とイスラム教徒も重なる部分は多いが、違う部分もある。それがアルコールだろう。イスラム教徒はアルコールを飲むことをしない。

国によってはサウジアラビアなど戒律のとてもきびしい国もあるが、エジプト、トルコなどビール、ワインを自国で生産する国もある。ただ生産はしても戒律によって禁止されているイスラム教徒は飲まない人が絶対的に多いのも事実であろう。

ただしアルコールは飲まない代わりに、カフェインも禁止されているモルモン教徒と違い、甘いコーヒー、紅茶、それからお菓子をしっかりと食べる。それでないと、この苛酷な環境を生きてはいけまい。

ユダヤ教徒はアルコールを摂ることを宗教的に禁止されているわけではない。ゴランワイン、カルメルワインなどのワインは各地で生産されているし、「ウーゾ」あるいは「アラック」、別名「アラビアンミルク」と呼ばれる水を入れたら白濁する蒸留酒なども知られる。むろん、ビールも国内で生産している。

世界的に知られるデンマークのカールスベールなども国内生産するが、ツボルグ、マカビなどが本来のイスラエルのブランドである。ツボルグはドイツビールに近く、マカビはややガスが強い。

キブツでも日本隊は「大酒飲み」ということになっているらしく、そのままでは在庫が瞬く間に無くなってしまう。私たちがやってくると、売店はあわててビールをケースごと注文するとのことだった。彼らにとっては驚くべきことであったのだろう。

ユダヤ人はイスラムと違いアルコールは禁止ではないが、さりとてあまりガンガンと飲む人はいない。都会に住む人たちと違ってキブツに暮らしている人たちは、基本的には質素、アルコールで身を持ち崩すような人はいない。また風土的にも暑くて乾燥している地域では、アルコールを飲むというのは脱水をしてしまい、身体に負担がくる。

キリスト教徒は今日では原理主義者を除いては、食の規定はルーズであろう。どう見ても生活と宗教が切り離されていないユダヤとアラブが一番似ているような気がする。土地争いさえなければ何という事もないはずだ。

テル・アヴィヴ市内にある「ヒッポポッポ」、つまりカバという名のステーキ屋さんでの話だが、ここのメニューにはとても驚いてしまった。ここのお店のステーキが店の名の通り、カバの肉を用いるからではない。単なるビーフステーキなのだが、そのステーキとメニューは、エルサレムでは絶対にお目にかかれない代物だ。

ステーキはレア、ミディアム、ウェルダンと火のとおり方の順が記載され、禁断の豚肉ステーキはもちろん、エビ、タコなどの料理もメニューの中に堂々と、かつ整然と並んでいた。これらは、ユダヤ教徒にとっては食べられないもの、禁断のものなのだ。

イスラエルではステーキでも血があるようなものは食せず、ステーキとは名ばかりの煮込んだシチュー状のものが大部分である。ステーキを期待しているとガッカリとしてしまうことも多い。

ここのレストランで、私はフィレ肉のレアを注文した。だがレアといったものの、本当のレアはないだろうとタカをくくっていたが、出てきたステーキは肉の塊がドーンとしたレアそのものであった。ジューシーな肉汁たっぷりのステーキ料理である。厚みのあるフィレだから、当然サーロインより火が通りにくいのだが、ここまでの料理が出てくるとは、これまでの経験から夢にまで思っていなかった。完全に嬉しい肩すかしであった。

ここでご一緒したテル・アヴィヴ大学のコハヴィ先生ご夫妻は仲良くシュリンプ、つまりエビ料理を注文していた。鱗がないエビは、ユダヤ教の戒律に違反するはずだ。「先生大丈夫ですか?」とお尋ねしたところ、「これはコッシュ・シュリンプだから大丈夫」とご夫妻共々エビ料理を美味しそうに召し上がっていた。

どう見てもしっかりと年季が入っている食べ方であった。堂に入った食べ方だ。エビそのものが歴然とした戒律違反なのだから、何がコッシュ・シュリンプなのであろうか。

それから安息日には火を使ったらいけないのでタバコも吸ってはいけない。火も休ませなければならないので、料理は火を使わないコールド・ミールのみだ。コールド・ミールという言い方はここから始まっており、本来は宗教的なものであった。

ヘビースモーカーのギル・コーボは、敬虔なユダヤ教徒が頭の上に付けるキッパも被ることなく、シャバットの日でもまったく気にすることなく、レストランでパカスカと公然とタバコを吸っていた。

一緒に仕事をし、教鞭をとっている牧師でもあるオリエント考古学専攻の知人によれば、「考古学者は現世主義者。宗教の規制などとんと気にしない人種」などと言っていた。何やら引っかかる言葉ではあったが、これが本当ならば、考古学者は平和に貢献しているということになろうか。

魚ではウロコの無いものは食用に出来ないとあるが、肉の場合でもユダヤ教徒の場合、ブタの食の禁止はイスラムと同じだが、その他に親子関係のものを一緒にとってはダメだとか、血はダメだとか、あるいは正式な手続きで屠殺したものしか食べることができないという様々な規定がある。いわゆる「コッシュ・ミール」だ。

日本ではあまり知られていないものに、親子関係の食物の禁止条項がある。たとえば肉のクリームシチュー煮なども入る。

親であるのが肉、子が乳と考える。これらは同じ種類、つまりビーフだけではなく、チキンとクリームであっても同様に親子と考えられている。だから、クリームの代わりに小麦粉を用いた代用クリームを使う。バターもだめで、植物油利用のマーガリン使用なら大丈夫となる。

掟を厳しく守るユダヤ教徒になると、別々に食することは可能なのだが、鍋も同じものを扱うことを嫌い、家庭ではこれらを扱う鍋はもちろんのこと、台所を別にしている人たちもいるほどだ。

日本各地にも見られるアメリカ系のハンバーガー店は、チェーン店を世界中に展開し、どこも若者に絶大な支持がある。宗教都市のエルサレムでも、イスラエル側のユダヤ人地区の新市街にもハンバーガー店がオープンしている。

宗教都市であるエルサレムは、イスラエル国内でも宗教的規制がとても強い街だが、こうした店は安息日でも営業している。金曜日の日没から土曜日の日没までの安息日になってしまいレストランが閉まっているときには実にありがたい。

一人の時などレストランに入りにくいときには重宝もする。どこの国でも戒律、決まり事を守りたがらない若者たちには絶好の店で、安息日には若者と観光客で店は大賑わいとなっている。

親子関係のタブーという点では、ハンバーガーでも、私も好きなチーズバーガーなどはこの条項にしっかり触れる食べものだ。

子である乳から作ったのが乳製品であり、親である肉からを作ったのがハンバーガーだから、一緒に料理して食べるとすると掟に背いた禁断の食べ物となる。

それでも、とあるアメリカ系の資本はこの条項を守るべく努力したそうだが、ライバル店はチーズバーガーそのものを出し、保守派のユダヤ教徒から激しい指弾を受けた。

ハンバーガーの中身で国をあげての大騒動が起きたが、しかし、笑えない話でもある。たかが食べ物とはいうが、好き嫌いという好みの問題ではなく宗教的な規制によって、たかが食べ物ではすまない国が実に多い。

ブタ肉はイスラムもユダヤ教も戒律違反の食べ物だ。イスラムとユダヤ教では、ブタ肉は禁止という点は共通している。それでもブタは古代エジプトの壁画にも飼育しているのが描かれており、後の古代ギリシア、ローマ世界でも食として飼育されていたわけであるから、食としての伝統はあった。

これが北ヨーロッパ、今日のドイツでは保存食としてソーセージ、ハムが知られるように大いにブタが利用される。そこにそれをタブーとするユダヤ人が住んでいたわけだから、こ

禁断のブタ肉

れは反目するのも当然かとは思う。

たとえ好きなものであっても隣から同じ匂いが毎日、毎日漂ってきたら嫌悪感を抱こう。ましてや、片や生活に無くてはならないもの、片や戒律違反のものとなるといっそう増すはずだ。食べ方も含め、食は民族性に深く関わりのあるものであろう。

ブタはそもそも乾燥した暑さに弱く、人と食性が重なり、飼うにもすこぶる手間が掛かる。ナッツ、穀物、イモなどが豊富に獲れる地域は別として、この厳しい土地で飼育は難しいというのも事実である。

遊牧民の生活の中では、手のかかるブタの生態とは合わない。利用できるのはヒツジ、ヤギ、ウシ、ラクダということになろう。

ところがイスラエルの建国当時の軍では、

栄養が高いということで軍隊食としてブタ肉が供されていたという話を聞いた。イスラエルの建国当時は社会主義的な理想を掲げていたので、良いものは良いとしたのだろう。今日では、その点がこれはどうも……のようだ。そういう点で食も右傾化したのであろうか。

もちろん、国内のキブツの中にも養豚業をおこなっている所があり、一般的ではないにせよ、肉も手に入れることはできる。何年か前のパーティでは、バーベキューでブタ肉を饗したこともある。なかなかしっかりとした味のある肉だった。

ソーセージやハムはブタ肉で出来ているのがふつうだが、ユダヤ教徒、イスラム教徒の多いイスラエルではブタは使わない。つまり材料が違う。ハムはシチメンチョウの肉を使っているので、味は今ひとつだ。ただビーフ、つまり牛肉を利用したビーフソーセージは美味しい。スモークしてあるのだが、意外に珍味である。これは嬉しい発見だ。郷に入ったら郷に従えではないが、ないならないで案外どうにでもなるものなのかもしれない。

これに対してアラブ料理では豚肉禁止は同じだが、はるかに融通性の高い料理であまり制約はない。

ただし、ユダヤと同じように食として利用するにあたって絞め殺してはならず、殺す際は一気に殺さないといけないという条項は守られている。

イスラエルという国、宗教的で厳格なイメージより、実際はなかなか雑多でいい加減な、良く言えばイージーさがけっこうあった。ところが気のせいかもしれないが、訪れる度にシャバット（安息日）の日になると完全に店が閉まっている所も多くなっているようだ。ユダヤ人の店もかなりの割合でシャッターを下ろしている。

なにか頭上にグッと重たいものが載り、気兼ねをしているように強く感じるのは私だけであろうか。いろんな問題があって、建国当初より社会がよりユダヤ寄りになっているように考えられる。

(2) アブラハムの神をめぐって

1 ユダヤ、キリスト、イスラム

私などしばしば調査でイスラエルに出向いているが、帰国すると「大丈夫だった？」と決まって言われる。恐ろしく危険な国であるというイメージを持たれる方が多い。ただ、当たり前だがミサイルが日常的に飛び交うことはない。

日本は世界的に見ても治安の良い国であるが、それでも所と場所は選ばないといけないのは当たり前のはずだ。

イスラエルでは人が集まる場所はテロの危険があるため、ショッピングセンターをはじめ、建物に入るときなど必ずセキュリティチェックを受ける。入り口では警備員による荷物検査があり、バッグなどは開封される。

だが、昨今の日本の方がある意味でよほど危ないのではないかと思う。ふつうの人々が集まる施設でも入口でチェックされることはまずない。また銃はともかくとして、縁日などでも包丁、ナイフなど刃物類を無造作に並べて売っているのには驚く。

飛行機に搭乗する際のセキュリティチェックでペットボトルなどをチェックするのは液体爆弾のためだが、材料となるアセトンなどの管理もほとんど無いようなものと聞く。

ときにこの地では日本に関してとんでもない話も流れる。地下鉄にサリンが撒かれるし、親睦を目的とした楽しいはずの町内会の行事に出されたカレーライスに毒物の砒素を入れる、秋葉原での無差別な通り魔的な殺害、あるいは車で人々の中に突っ込んで殺傷するという、不特定多数を狙ったここでは考えもつかない事件も報道されている。

日本では意識が無いかもしれないが、これもまごうことなきテロだ。日本は怖い国だと思われている部分もあるのだ。地下鉄サリン事件は世界中のテロの教訓書ともなっている。

私が和歌山で起きたカレーライス事件を知ったのは、ゴラン高原でその夏現れた美しいペルセウス流星群を眺めているときだった。怨恨が無い何の罪もなく関係もない人たちを含め、無差別に人を殺めようとは、これをテロと言わずして何と言うのか。とても複雑な心境だ。

日本にいるとなかなか理解しづらいものが宗教による争いだろう。宗教問題があって大変だというのが大方ではなかろうか。しかし、その根底は実は宗教の争いなどではなく、政治的な問題から発していることが非常に多い。個人的な欲、政治的な失敗を誤魔化そうとして転化させ、思惑によって宗教、民族問題にすり替えている。失敗を眩《くら》まそうと思ってか、感情を煽るような行動に出ている。これこそが問題の本質なのだ。

イスラエルを含めたこの地の宗教はユダヤ教、キリスト教、イスラムだが、その中で最も多いのはイスラム教徒だ。だが、この三つの宗教は異教ではなく極めて関連性がある。

キリスト教はこの地の宗教であるユダヤ教をベースとしたもので、ユダヤ教ナザレ派とも呼ぶ。聖書にしてもキリスト教徒が旧約と呼ぶイエス以前のもの、イエスの登場による新約という二つから構成されている。旧約も捨ててはいない。

イエスもその母マリアも、育ての親ヨセフも、使徒第一位のペトロも、キリスト教を広めたパウロもユダヤ教徒としてこの地に生まれ成長した。

最近の報道で知るようにユダヤ教、キリスト教、イスラムというと始終揉め事ばかり起こしていがみ合っている感じなのだが、実は歴史的にみるといささか異なる。この三つの宗教は同じ神を崇め、イスラムのいうように「経典の民」である。アブラハム、モーゼ、イエス、ムハンマドは預言者として尊敬されてきた。彼らはいずれもアブラハムの子孫となる。このアブラハムこそが三つの宗教でも父祖と認めるものだ。

簡単に言えばユダヤ教がすべての母体であり、その上にキリスト教、そしてまた上にイスラムが乗り、この三者で大きな三角形を作っているのが文化的な構造であろう。

イスラムでもモーゼとイエスは重要な預言者として尊敬されている。モーゼはユダヤ教、イエスはキリスト教、ムハンマドはイスラムの始祖と理解すればよい。アラビア半島に産まれ、アラブ人であったムハマドは人であり、最後の預言者で最大の預言者ということだけで、先の預言者に敬意を表している。

もちろん、それとは逆にキリスト教ではムハンマドを、同じくユダヤ教ではイエスをそうとは考えていない。だから、ユダヤ教では聖書とは旧約だけであり、新約は無い。また、イエスを神の子と考えるキリスト教に対し、イスラムは神の子ではなく神の言葉を預かる大事な預言者の一人として理解をする。それが宗教の違いということになろう。実際、イエスはアラビア語でイーサーとなるが、その名を持つアラブ人もいる。

以前、イスラエル情勢緊迫のため入国できず、代わりに隣国ヨルダンの踏査を行い、ヨルダン川を挟んで東側からイスラエルを見るという機会を得た。ヨルダン川は東側の方が耕地は広く豊かである。西からみると貧しいという感じをしていたが、東から見ると西が不毛に

モッシェ・コハヴィ先生

見える。現地に足を運んで自分の目で見るというのはとても大切なことであろう。

そのヨルダン踏査のとき、私たちと行動を共にしてくれた現地ガイドの名は、ムーサ君だった。ナバテア人の造った都市ペトラでは乗馬も実に巧みなのにはビックリさせられた。

彼はパレスティナ出身で、ヨルダンに避難してきた後、ヨルダン大学で考古学を修めた人だが、彼の名前を聞いて驚いた。ムーサとはモーゼのアラビア語読みである。私たちの先生、テル・アヴィヴ大学のモッシェ・コハヴィ先生と同じ名前だ。モッシェとはモーゼのヘブライ語読みで、先生はもちろんユダヤ人である。

ユダヤ人だとモーゼでも分からなくもない

が、本人にどうしてモーゼという名なのか聞いたら、「けっこう多い名です。偉大で重要な人物だから」という答えが返ってきた。これがまさに正解だろう。アメリカの南北戦争当時の大統領は、エイブラハム・リンカーン（一八〇九〜一八六五）だ。エイブラハムはアブラハムのことである。イスラム教徒に多い名前だが、キリスト教徒にもこの名を持つ人はいる。

エン・ゲブ発掘が始まった当時、お世話を一生懸命してくれたのはテル・アヴィヴ大学の用務員であるシュロモだった。

シュロモとはヘブライ語読みで「知恵はソロモン」と言われたあの偉大なソロモン王なのである。トルコ語では、オスマン・トルコのスレイマン大帝（一四九四〜一五六六）の名も同じだ。こうしたことからもユダヤ教とイスラムは同じ根源であることが分かる。

繰り返すが、今日のイスラエルはユダヤ教を信仰するユダヤ人のシオニズム運動によって、第二次世界大戦後に建国された新しい国である。

話は古くなるが、古代ローマ時代の反乱によりエルサレムを追われたユダヤ人はローマによってパレスティナと呼ばれるようになったこの地に残りもするが、生活の場を求めて各地域に散らばり活躍もした。だが、ユダヤ教徒ということで辛酸をなめた人もいた。

聖地奪回の名目でヨーロッパから派遣された十字軍は、宗教的熱狂とは裏腹にその名とはほど遠い集団であった。遠征の途中ではユダヤ人の大殺戮を行っている。

聖墳墓教会内のイエスの墓所

エルサレムのゴルゴタの丘に建った聖墳墓教会（この巡礼を巡って十字軍は起こったのだが）の鍵を持ち管理していたのはイスラムだ。キリスト教徒に管理させたら、彼たちの中で争いが絶えないからというのが理由である。巡礼を邪魔したのではない。

これはこの時代の話かと思っていたが、礼拝時間を巡って数年前この聖墳墓教会で数派の司祭同士が殴り合いをしたのは記憶に新しい。中世の時代とも思えるような出来事であった。数派の共同管理下にあるのだが、神に仕えるはずの司祭ともあろう人々が何たることだろうか。イスラムが危惧するのも当然かもしれない。

スペインのイスラム統治下、平安に暮らしていたユダヤ人は、キリスト教徒のいうレコンキスタ（国土回復運動）によって財産は没収され、スペインから追われた。異教徒追放、不寛容政策が始まる。

イスラム政権の最後は「アルハンブラの思い出」で知られるグラナダ陥落で、一四九二年であった。追われたユダヤ人を最も多く受け入れたのは、オスマン・トルコであった。

今でこそ、とくにニュースなどでは、イスラム教徒とユダヤ教徒は様々なことで憎しみ合っている場面ばかり強調されるのだが、その歴史はそう古いことではないのは確かなのだ。近代、それも二〇世紀に入ってからより激しくなったのである。

歴史とは意外とそうしたもので、歴史と声高に叫ばれる場合には極めて政治色が強く、聞く方は注意しなければならない。

歴史の中ではイスラム教徒はキリスト教徒によって虐げられたユダヤ解放の希望と見られていたこともあった。また、いつも睨み合って争いばかりしているだけではない。アラブはユダヤに対しヨーロッパのように差別、偏見をもっていたわけではなかった。

オスマン・トルコの支配下においてはもちろん、支配者の宗教であるイスラムが優遇されていたのは事実だが、ユダヤ人も人頭税さえ払えば宗教的には自由であった。それこそ、共存していた。イスラム支配下のキリスト教徒もまた同様である。本来寛容なのが彼らの持ち味であり、その歴史が長かった。

そしてイスラムの中では、今のような過激なテロの問題などなく、いろいろとあったかもしれないが、平和に共存していたのは事実だ。

近代になると、民族国家を目指したヨーロッパの中で様々な差別を受けた。とくに、アドルフ・ヒットラー（一八八九〜一九四五）によるユダヤ人大量殺戮は悲惨だ。非人道的行為で許されるべきものではない。

この過程で、各地に暮らしていたユダヤ人の中から、ヨーロッパの民族国家と同様に、自分達の国を作ろうという運動が起きた。これがシオニズムである。だが当初はパレスティナの地に是が非でも国家を造るのではなく、故国はアメリカにと希望を持って新大陸に渡った人も多かった。

なにしろ、祖国を追われて二〇〇〇年近くもなる。生まれてこのかた長年その地域に暮らして、既にそこが故郷になっている。日本人に比べて宗教的なものをしっかりと意識させられる彼らだが、祖先が暮らしていた地といっても、遙か昔の話に変わりはない。ヨーロッパの風土、環境もまったく違う世界だ。いくら聖書の地でも、ふつうはそんなところに親しみも感じないというのが当たり前のはずである。

日本で二〇〇〇年前と言ったら、弥生時代の頃の話になる。昨今、奈良県の箸墓《はしはか》がそうではないかと騒がれている卑弥呼のいた邪馬台国より古い。日本だったらいったいどういうことになるだろうか。

稲作を携えて日本にやってきた渡来系の人達に対し、縄紋系の人達が郷里を追い出され、彼の地で暮らす。そして、今日その人達の子孫が外国からやってきて、「ここは神から与えられた父祖の地だから返せ」と言ってあなたの前に現れたらどうするか。というのは例が悪いかもしれないが、それに近いと思う。

そうしたら、「そうですか。それではお返ししましょう。どうぞ」という人がいたら、それこそがおかしいのではなかろうか。

「何をバカな。そんな昔の話」ということになるのではなかろうか。同様にイベリア半島を八〇〇年も支配したイスラム教徒も同じはずだ。いまさら「キリスト教とは違うから出て行け」と言われても困ろう。いったいどこに行けば良いのかと考えるはずである。

世界の出来事も自分の身の廻りに比べると理解しやすいはずだ。けっして他人事ではない。自分との対比をすることが絶対に必要である。これなくして、世界の歴史や文化を学ぶ理由はない。自らのアイデンティティーをしっかりと持たなければならないのは、どこの世界、地域でも共通のことであろう。

ユダヤ人の中には、いつしか、自らの宗教の出発点、ルーツで聖書の中で神から約束されたとされるこの地に祖国を築こうと思った人たちもでてきた。だから、これはヨーロッパに絶対責任がある問題だ。

第二次大戦前から入植を開始し、戦中は迫害から逃げてきたユダヤ人が大挙して入ってきた。当然、問題が起きてくる。ただ、この当時は戦争だとかによって奪い取ったのではなく、合法的に土地を買い取ったのは事実である。

そして、イスラエルを建国した。だから古い話ではない。もちろん、すべてのユダヤ人が出て行ったのではなく、そのまま残って住み続けた人もいる。これは重要なことだ。

だが、人は自分の体験したことがやはり歴史理解の範囲で、歴史とはいうが、つい最近のことになってしまう傾向が多い。

これは歴史の幻想であるのかもしれない。

2 黄金の都エルサレム

イスラエルはイメージとは裏腹に一旦入国するととても平穏なのに驚くが、さすがにエルサレムは少し違っている。

エルサレムは、イギリスの統治下にあった影響が今も残る。イギリスは景観美を重んじるので、町並みも色のトーンが同じである。薄い黄茶色した実に美しい街だが、これはエルサレムストーンを使って建物を造らなければならなかったことからきたものだ。

嘆きの壁

旧市街はイスラエルの占領地区になっている。城壁で囲まれている地区だ。その中に「嘆きの壁」と呼ばれるかつての神殿の城壁の一部が残っており、西側は神殿の丘になる。かつてソロモン王の神殿があった場所である。

彼らにとって精神的にも大事な場所であり、男子一三歳、女子一二歳時に祝われるバル・ミツバ（成人式）もここで行われる。

今はエルサレムのシンボルとも言うべき「黄金のモスク」（別名、岩のドーム）が建つが、かつてはユダヤ教の神殿があった地で、アブラハムが大切な一子イサクを神に捧げようとした「モリヤの地」とされている。

アブラハムは「創世記」の中に出てくる

バル・ミツバの儀式

族長で、妻の名はサラであった。残念なことになかなか子供ができなかった。心配した妻は、ハガルという女性を彼女にするように進言する。そしてアブラハムとハガルの間に子供が生まれ、イシュマエルと名付けられた。

その後、サラにも子供が生まれるという神の啓示があった。とても信じがたいことではあったのだが、啓示の通り老齢のサラとの間に子供が授かり、イサクと名付けられる。イシュマエルはアラブ人の祖先、イサクはヘブライ人の祖先となった。イシュマエルは、サラとの確執を恐れてアブラハムが逃がす。

この話はもう少し複雑で違いもあるのだが、こうした経緯となっている。いずれにしてもユダヤとアラブの祖先は兄弟なのだ。

そのイサクの子供ヤコブがあるとき神ととっくみあいをやり、勝利して以後、イスラエル、つまり「神に勝った人」と称するようになった。

子供ができない夫婦に神の啓示があり子供ができる。その子供は神の意志により事を進めるということは、後代にもテーマとして存続する。士師《さばきつかさ》の時代のサムソン、キリストを洗礼させたヨハネも同じでいずれの母親も不妊で悩み、それも到底子供が望めそうもない年であった。

アブラハムも念願が叶いやっと授かった子なのに、「神に捧げよ」という命令が下る。やっと授かったイサクという我が子を殺し、神に捧げなければならなかった不合理であり、神に忠誠を誓っていてもいかなる気持ちを抱いただろうか。そこまで神を信じたアブラハムを、神が信じたということになろう。最終的にはわが子の代わりに生贄の羊が用意された。

「黄金のモスク」の中に入ると、別名「岩のドーム」の名の通り、中央に捧げようとしたゴツゴツとした岩がある。かつてモーゼがシナイ山で神から授かったという、十戒が入った「契約の箱」が安置されていた神殿の丘の上に建つ。「新約聖書」によれば、ゴルゴタの丘で十字架に架けられたイエスが命を失ったとき、神殿の聖なる場所を囲っていた幕が切り裂けたと言われている。

黄金のモスク

六九一年、カリフであったアブドゥル・マリクによってモスクが建てられた。「黄金のモスク」と呼ばれ、ドームが金色なのは金を使っているからである。数年前、ヨルダンの寄進により金が吹き替えられ、いっそう輝きを増している。日本の金閣寺のようだ。

となると銀閣寺はとなるが、この神殿の丘の端に「エル・アクサ」と呼ばれるモスクがあり、ドームは銀色をしている。建設は七一五年になるが、今日見られる姿になったのは一〇六六年からである。

伝承によれば、ムハンマドが夢の中で白馬に乗って天に昇った場所ということになっている。夢というのは単に夢ではなく、神から示される伝達手段の一つにもなっていた。

だからこそ、旧約聖書の中に奴隷として売られたヨセフがエジプトのファラオの夢を解くことによって重く用いられることになった、「夢解きヨセフ」の話があるのだ。

「エル・アクサ」とは遙かなるモスクという意味で、彼が天に昇った中で最も遠い地ということである。イスラム教徒にとっても重要な地だ。実に複雑なのだが、大事な地であるには違いない。

ただし、この複雑さは三つの宗教が実は関連があることを示しているのだ。皆、一神教で同じ神で異教ではない。仏教、ヒンドゥー教などが異教となる。アラビア語のキリスト教の祈りでは、神の名を「アッラー」と唱え、当たり前だがイスラムと同じである。

そのようなモスクの下を、イスラエル考古局が発掘するものだから、聖なる黄金のモスクが傾くと言うし、聖地を汚してしまうとイスラム教徒は猛反発したのだ。

エルサレムはダビデ王により統一された王国の首都となった。前一一世紀頃の話である。旧市街の東側に「ダビデの街」と呼ばれている所があり、ここは彼が築いた街だ。

少年の頃ダビデは投げ石によってペリシテ人のゴリアテを倒し、英雄となった。だが王となって人妻のバテシバの水浴びの姿を宮殿からのぞき見して欲情し、宮殿に呼び込み、身ごもらせてしまう。そうなると夫の存在は都合が悪く、亡き者にしようと最前線に送り出し、

最後の晩餐の間

思惑通りに戦死させた。こうして横恋慕した彼女を堂々と宮殿に入れることができたが、その後身ごもった子供も死亡するなど不幸な事件が起き、反省をする。

名君として知られるダビデ王にしても、極めて人間らしく振る舞ったことが聖書に記載されている。

ダビデ王の墓とされるものが「シオンの丘」にあり、二階にはイエスが弟子たちと最後に食事をした「最後の晩餐の部屋」がある。一階と二階に分かれるものの、ユダヤ教徒とキリスト教徒にとってそれぞれに重要な地であるが、重複しているのだ。今日の建物は十字軍占領時代にできたものとされている。

シオンの丘には「マリア永眠の教会」も

建っている。いずれにしても様々なものが錯綜する。

ダビデ王の後継者ソロモン王は、ダビデとバテシバとの間に後に授かった子供である。ダビデ王も十三人の妻妾をもっていたと言われ、熾烈な競争をして残ったのが王の遺産を継ぎ発展させたソロモン王である。

彼は、契約の箱を安置した神殿の丘を造った。父親の造った神殿を上回る立派な神殿を造るにあたり、今日のレバノンから大量のレバノン杉を購入したと伝えられている。お陰で費用が掛かりすぎ、今日のガリラヤ地方の北部を売り渡したとも言われている。

ユダヤ教徒にとっては、地下にソロモン王時代のものが眠っていることになって、これは解明したいものの筆頭であろう。

ソロモン王は「知恵はソロモン」と呼ばれ、世にも名高い知恵者として知られている王だ。日本の江戸時代、一七一六年から始まった「享保の改革」として知られる八代将軍徳川吉宗の治世の頃、「大岡裁き」で有名な江戸町奉行大岡越前守がいる。

その話の中に、子供一人にそれは自分の子供だと名乗りを上げた母親が二人現れた。どちらが母親か判断するために、中に挟んだ子供をお互いに両側から引っ張りあって決めようとした。引っぱって勝った方が母親だと王が宣言したのだが、実際は泣き叫ぶ子供を不憫に思い、手を離して負けた女の方が本当の母親と決めた話である。理由は、母親は情愛が優先するということであった。実はソロモン王の逸話から借用したもので、旧約聖書に出てくる話である。

通商を求めて宮殿にやってきたシバの女王は噂に聞くソロモンの知恵を試すが、ソロモン王の知恵にシバの女王も降参してしまった。そして子供を身ごもり、その子供はエチオピア皇帝となっていく。

つまり、皇帝はソロモン王とシバの女王の血をひいていることになる。まさにサラブレッドの誕生だ。エチオピア最後の皇帝は、一九六四年に開催された東京オリンピックのマラソンで優勝したアベベ・ビキラ選手のときのハイレ・セラシエ（一八九二〜一九七五）である。エチオピアはイスラム教徒の多いアフリカの中ではキリスト教徒がとても多いが、ユダヤ教徒もいて、国情が思わしくない頃、イスラエルは大量のユダヤ教徒のエチオピア人を受け入れている。彼らはエチオピア系ユダヤ人となった。

シバの女王はアラビア半島の南、乳香の産地である今日のイエメンの地を支配していた。乳香と言っても、私たちにはピンとこないかもしれない。この地では貴重なもので、銀に匹敵するほど高価だった。

乳香は「真の香」、「フランクインセンス」として知られる焚《ふん》香料である。乳香は乳香の木から出る樹液で、それを集めて焚く。乳香というように白色をし、焚くと何ともいえない甘い香りが広がる。

イエスの誕生時、東方からやってきた「東方の三博士」がそれぞれ黄金、乳香、没薬《もつやく》をもって捧げた話は知られている。黄金は現世の王、乳香は神、没薬は医者に捧げるものであった。また没薬は救世主でもあった。確かに人の命を救ってくれるのが医者であろう。

どれを選ぶかによって、どのような人になるのかということだ。日本で一歳の誕生日に行っていた話と同様である。

ヨーロッパではこの東方三博士の訪問日である一月六日までクリスマスシーズンは続き、この日にギリシア正教ではクリスマスプレゼントを贈る習慣がある。当時の世界で最も重要とされたその三つの品をすべて捧げられたのがイエスである。この意味はとても大きい。

「黄金のモスク」というと、日本語では「黄金の寺院」としばしば訳されている。英語名のそのままの訳である。それが頭にあったのか、私はここの入口でチケットを切っている受付の人に、「Golden Temple」と言ってしまい、即座に「ここは寺院ではなくモスクだ」と激しく訂正された。数日前にここで銃撃事件があったときのことだった。すぐに「ソーリー」と謝り許してもらった。

日本ではとくにいけないと思うのだが、時々、キリスト教の教会なのに、例えばヴェネツィアのサンマルコ寺院、ヴァティカンのサンピエトロ寺院というように使うし、神父に対しても僧侶という言い方もしている。

確かに、現地通訳でも日本人に分かりやすく説明しようと思ってか、寺院というようにモスクのことを言っているが、これは速やかに変えた方が良い。今どき意味を理解できない人はいないはずだ。

日本ではイスラム教徒がほとんど皆無だからあまり気にしないが、テンプルとモスクは違う。神社と寺院を混同しないのと同様に、こういう訳は気をつけるべきだろう。言葉を間違えるということは、日本でも「言霊」として知られるように、人の認識に関わることだ。これこそが相手に対する敬意と思う。

「黄金のモスク」を含め、嘆きの壁などのある地区に来ると、まさに「空気が凍る」という表現がピッタリで、息をするのも憚れるような緊張感がみなぎる。これはとても言葉で表現できるものではない。一緒にいた学生もこの場の雰囲気に圧倒されたようであった。

これを感じるだけでも来た甲斐があったというものだ。日頃、このような環境に疎い人にもピリピリとした感じは伝わり、体感できる。最近の咳もできないような、音楽会の雰囲気と同じと考えれば良いかもしれない。ここと違い平和を感じるのが音楽のはずだが、いつからこんなになったのか。背後に宗教的なものさえ感じる。壁もしばし沈黙の時間が流れる。

もしモスクを訪問する機会があったら、もちろん入り口では絶対に靴を脱がないといけない。土足は厳禁である。家の中で靴を脱がないヨーロッパ人ならともかくも、日本の人にはどうといったことはないはずだ。「黄金のモスク」中の素晴らしさは筆舌に尽くしがたい。中央にある岩、それをグルリと取り巻いている赤の絨毯、なんとも荘厳で格調高い。

その「黄金のモスク」でのことであった。

靴を預けている入り口の下駄箱で靴を再び履き、外に出たとき、美しい少女二人がこちらを気にして何やら言いたげである。私を興味ありげに見ている。モスクの周囲を歩いていると、付かず離れず一定の距離を保っている。これがヨーロッパであったなら、直ぐに声を掛けて写真を撮るのだが、ここの場所柄、その勇気がでなかった。

手を振りさよならをした。実に残念ではあった。それにしても美しい少女であった。

また、二〇一一年五月に現地を訪れたときのことだったが、歩いていたら、英語学校に通っているというスカーフを被ったイスラム教徒の女の子たちに取り囲まれた。皆十代の子供たちで可愛い。一人の女の子はミリアムと言った。即ち、マリアさんだ。彼女たちは目を輝かせながら一生懸命に英語で聞いてくる。好奇心いっぱいの子達だった。

ただ、「写真を撮って良いですか」と聞くと、「私たちはイスラム教徒だから駄目です」と答えた。外国人に対して興味津々なのであろう。

イスラムというのは商業の民なので、本質的には閉鎖的な人々ではない。他のイスラム諸国でも同じで、厳しいアラブ首長国連邦でもこちらが赤面してしまうほど見つめてくる女性もいる。

今現在、残念ながらこのモスクはイスラム教徒以外の入場は禁止されているのだが、いつの日か再び訪問ができるようになることを祈りたい。

3 共存への道

私がイスラエルも含めてイスラム教徒の多い地に来ていつも思うのだが、イスラム教徒はほんとうに信仰に忠実に生きている人たちであるということだ。

この一神教の宗教の系譜の中では良く言えば柔軟、悪く言えば世俗的で堕落しているのが一般的にキリスト教徒であろうか。

それほど感心するくらいイスラム教徒は掟を守っている。信仰と生活がしっかりと密着している。

一例としてラマダーンがある。日本語に直せば、「断食の月」ということだ。一月近く続く。ラマダーンは一日すべてに亘って断食をするものではない。太陽が東に昇り、そして西に隠れるまで水も含めて食物を口にしてはいけない。だからこの月は水分が入るということで化粧もしない人が多い。妊娠している人、体の弱い人、子供はもちろん除外してあるが、それでも実に良く守る。食事、それから水分も取らず、水分である唾を飲み込むことを恐れて口紅をひかないという女性もいる。

私がラマダーンの月に訪れたときは、一〇月中旬でまだまだ暑いのだが、これが夏の真っ盛りの時期であったならばたまらないはずだ。体にもこたえる。実際、仕事になりはしない。ラマダーンの時期、太陽が落ちたら昼間の分を取り返そうとタップリの食事をするのでかえって太ってしまうと妙齢の女性から聞いた。お腹が空いているところに食べるから、相撲取りと同じであろうか。しっかりと身が付く「ラマダーン太り」が起きることになる。

今まさに太陽が落ちようとしているとき、クルラーンが聞こえる。人々が沢山集まって「今か、今か」ではないが、待っていたように人々は食事を開始する。その緊張感たるや物凄いものだ。かつての日本の大晦日のようだ、といっても過言ではないだろう。

またアラブ人と呼ぶ場合すべてがイスラムと思っている人は多いのではなかろうか。現地を訪れる前の私自身もそうであった。

知識としては知っていたが、この地に来て見るとそう単純ではないことに気づく。

アラブ人でもキリスト教徒がいる。イスラムであっても国家としてのイスラエルを認めて国民となっている人もいるし、反イスラエルとなってパレスティナ人として生きている人もいる。

イスラエル初代首相となった建国の父と呼ばれるダビッド・ベングリオン（一八八六〜一九七三）も、ここに暮らしているパレスティナ人はそもそもモーゼに牽き連れられてきた人たちの子孫なのだと言っている。

また、各地にある教会の信者たちはヨーロッパ人ではなく、アラブ人なのである。アラブ系クリスチャンなのだ。

エルサレムの南、ベツレヘムにあるのがイエス・キリストの生誕教会である。コンスタンティヌスの母親によって建立された教会だ。地下に降りて行くと、イエスの誕生場所を示す星が填め込まれている。信じるか信じないかは別として、見ると不思議な気持ちにさせられる。キリスト教徒も住んでいる。むろん信徒は在地の彼らである。

ベツレヘム牧人の堂内の絵

ベツレヘム郊外にある聖堂は、小さいがとてもロマンチックだ。羊飼いに救世主の誕生を知らせたという場所である。最も質素な暮らしをする羊飼い

ナザレ（中央のドームはカトリック受胎告知教会）

にはしばしば神のお告げ、あるいはマリアが現れる。ここも「牧人ひつじを守れるこの夜……」とクリスマスソングがすぐに浮かんでくるような、イメージピッタリの聖堂が建っている。

イエスはアラビア語ではイーサー、日本語では「教え導く人」という意味だが、イスラムの中でも重要な預言者として大事にされている。生母マリアも、クルラーンの中に「マリアの書」として記載されている。

エルサレムの西には、イエスが昇天したというオリーブ山の足跡がついた上に堂が建っている。これを守っていたのもイスラムである。

さて、ユダヤのベツレヘムがイエス・キリストの生誕地なら、ガリラヤのナザレは母マリアの受胎告知のあった地、イエスが青年時代を過ごした場所で、丘の上にあってやや雑然とした街となっている。

「受胎告知」というのはドラマチックな重要な意味があって、この場面もレオナルド・ダ・ヴィンチ（一四五二〜一五一九）をはじめ数多くの絵画に描かれているので、見た人は多いであろう。

ただお告げを受けた場所ということでは、カトリックとギリシア正教の間では解釈の違いがあって同じナザレだが、カトリックはマリアの部屋で、ギリシア正教では泉でお告げを受けたとなっている。それぞれ違う場所に聖堂が建っている。

カトリックの「受胎告知の教会」には世界各地から聖母子像が寄贈されており、それぞれの民族色が溢れている。キリスト教徒の多いお隣の韓国からはもちろんの事、日本からも着物を着た立派な聖母子画が堂内に掲げられている。

実際のイエスはベツレヘム生まれではなく、おそらくナザレ生まれであろう。ベツレヘムの生誕の話は、救い主はエサイの子であるダビデの子孫でこの地で生まれるということからきたものだ。住民登録をするために、ヨセフは身重のマリアと共に本籍のあるベツレヘムに行ったと聖書は語る。

ベツレヘムの話は以後出ず、生誕に関わるだけだ。事の真意はともかくとして、彼は少なくともガリラヤの地で育った人物であるのには間違いない。

ここで育ての親のヨセフは大工を生業としていたので、イエスは大工の倅となる。ユダヤジョークの中に「息子がぐれてしょうがないのでどうしたら良いのか」と言う話がある。返事は「あのイエスだって、ぐれていたもの」であった。

親の仕事である大工仕事は手伝いもせずにさぼってばかり、そしてフラフラとほっつき歩いていたのだから、神の子として認めていた父親は人格的にもできた人で、寛容で立派なのではなかろうか。

ナザレに住む住民の多くはアラブ人だが、イスラム教徒だけでなく、キリスト教徒もいる。彼たちはイスラエル国家を認め、イスラエル国籍を持つ。

ただその彼たちも、今のイスラエルのやりかたに対してすべて良いと思っているのではなく、反感を持っているのも事実である。

イスラエルとレバノン国境近くには、多くのアラブ人も住んでいる。ユダヤ人でも北部はリベラルな人が多い。聖書に忠実な保守的なユダヤ人は、宗教都市エルサレムを中心とする地域に住む。北部の港町ハイファでは、イスラエル国籍を持つアラブ人も数多く病院で働いている。

テロリスト側も、ユダヤ人でも人道的にパレスティナ人を助けようと頑張っている人を襲ったりもする。わざとそういう人を殺害し、増悪を煽る。人とはなんと悲しいものであろうか。

この地の歴史を日本の人に話すと「昔からずっと揉めてきたから」というが、これまたおかしい。誰しもそんなに歴史を引きずっているわけではないのだ。そのように思わせるのが政治的な実態なのである。二〇〇〇年以上も前の話など、どんな人もふつうは意識もするわけがない。

これは日本人も同じであろう。ただ、あたかも教育によって引きずってきたかのように植え付けられる。知らず知らずの内に思い込まされているのだ。歴史というのは、その点とても怖い。

歴史と言っても自らを中心としてせいぜい三代前くらい知っていたら、凄いことになろう。かつて、イスラエル入国時には信仰する宗教と共に曾祖父の名も記載するということになっていた。

ところが、たいていの日本人は名前が分からなくて大変であった。知らないのである。思い当たる人は多いはずだ。数代前の墓地など分からない人も多く、無縁墓地となっているのが現状であろう。

日本人にとっての歴史とはそんなものなのである。自分の祖先も分からないような人が歴史を重んじるとは、こちらでは理解できないかもしれない。歴史を意識しないとは幸せなことかもしれない。

ずっと昔から続いていたものと思っていたら、ほんの少し前のことも多い。「昔から……」、「前から決まっていた……」という話になったら、絶対に気を付けたが良い。そんな自分の年代以上のことを知るよしなど普通にはない。

「みだりに神の名を呼ぶことなかれ」とは、モーゼがシナイ山頂で神から授かったとされる石板に刻まれた十戒の中の一つだが、そのわりには神の名を出しすぎる。

かつてアフガニスタンに侵攻したアメリカのブッシュ大統領が「神はわれわれに味方する」、アルカイダのビン・ラーディンは「神による罰」と敵対する指導者がそれぞれ主張した。だが、二人がそれぞれに引用した神は同じ神なのである。「口に出す人に限ってどうも……」というのは、洋の東西同じかもしれない。

都合良く神に責任転嫁をしてはいけない。ユダヤ教徒、キリスト教徒、イスラム教徒ともに皆アブラハムの子孫なのだ。

Ⅴ章

イスラエルの地の人々

(1)　エン・ゲブのカエサル

私たちの調査隊にイスラエル側から加わっていたのがギル・コーボだった。テル・アヴィヴ大学の考古学出身である。彼の風貌は少しクラシック、まるでローマ皇帝のようでもあり、古典的で厳つい顔をしている。私たちとの会話は英語で舞台俳優のような喋り方をするから、映画でも見るようだった。

スタッフ、ボランティアを含め、遠く日本を離れ、雑務に追っかけられるあくせくした日常からしばし解放されて発掘できるということで、いささかハイテンションな気分になっている日本隊である。ほっておいたら羽目を外して何をしでかすかわからないので、現地サイドで発掘現場に張り付いてしっかりと監視をする役を仰せつかっている。

鉢巻きのギル・コーボ

また、イスラエルは独自な方式いわゆる「イスラエル方式」で考古学的な調査はマニュアル化されている。それに沿って発掘・整理を行うので、そのノウハウを日本側にしっかりと伝達する役でもある。だから勝手なことはできない。かつての話だが、そのやりかたで大喧嘩された先生もいたそうだ。現地では「郷に入っては郷に従え」がやはり基本で、これは合理的と思う。古代ローマ人の言葉であるが真理であろう。

しかしそれでもこうやって発掘できるのだが、日本で外国隊が発掘できるようなことはいくつかを除いて皆無である。

一般的に日本のやり方は実に細かく、それも意外と人によって、あるいは地域、大学でとても違う。調査では様々な所からボランティアの学生がやってきているので、図の書き方にしても違う流派のようなものでまさに職人の世界だ。本来基本さえあれば違いはないはずだが、それでもこだわり方が半端ではない。

しかしいろいろな違いをいうが、その大部分はどうでも良いことに思える。見通しがないから末節にこだわるのかもしれない。広く全員が納得するには最低のルールで良いはずだ。マニュアルというのは多様な人に対して、最低の事を守るためのルールである。この地では人をある意味では信用しておらず、人は所詮そんなものという意識がある。そんないい加減な人が守るべき最低のラインが、マニュアルなのだ。あまりにもレベルが高いと、負担が多すぎて何事もうまくはいかない。最大限ではなく、最小限に合わせるのだ。

そもそも日本の基本ができていない私は自分で言うのもなんだがあまり専門化しておらず、どこにいっても不自由さを感じはしない。現地でのやり方もそれなりに納得できる部分もあり、それに合わせれば良いわけで何ともない。だから、自分が納得できて気持ちさえ合えばどこにでも行けるのかもしれない。

彼がボランティアにしばしば言う口癖、「セルフコントロール」は確かにとても大事なことであろう。しかし、スタッフの中には体力はないのに夜遅くまで学生と飲んで二日酔いになってしまい、発掘調査でもフラフラしながら一輪車を押している人、目を覚まさず朝の集合に間に合わない人もいた。学生どころの話ではない。

ところで彼の指示はとても短く命令調に言うので、最初はとても強面の印象を持った。私たちはまるで奴隷として仕えているような状況であった。「カエサル」、「ファラオ」というニックネームがたちまちつけられた。だが日本隊と付き合いが長くなるにつれ、次第に優柔不断な日本隊の影響を強く受けてきた。怪しい関西弁もマスターし、日の丸の鉢巻きをして頑張っていた。お互いに接近して妥協してきたのであろう。

彼の家は、イスラエルでも指折りのカイサリアにある高級住宅地の一角にある。日本の某光学メーカー大好きな人で、代理店契約もしていると聞く。

調査中は彼に相談しながら発掘をし、整理も彼の見解を聞きながら選び出し進めていく。

だから、彼も泊まり込みである。土、日が発掘作業は休みであった。土曜日の安息日は食事がないこともあり、ボランティアで集まってくれた学生の見識を深めるためもあって、週末を利用してイスラエル各地の一泊見学旅行に出かけるが、そのエクスカーションにも彼にとっては貴重な休日なのに同行してくれる。

彼の先生であったテル・アヴィヴ大学のモッシェ・コハヴィ先生が日本隊のために彼を選んだと言われたが、その言葉が良く分かる。厳つい顔とは裏腹に、調査隊のコミュニケーションに心を砕いていたのであろう。彼はせっかくの休みを返上して私たちに同行し、各地を案内してくれる。また宿泊のホテルの手配から、ボランティアの部屋割りまでマネージャーと相談して気を遣っていた。日本人も顔負けの気配りの人であった。

金曜日の夕方に自宅のあるカイサリアに帰り、土曜日の朝、近くを通りかかった際、私たちの乗っているエクスカーションのバスで拾う。朝、彼をピックアップするとまずマイクを取り「グッドモーニング」の挨拶から始まる。バスの車内でもマイクを取り、一生懸命に説明をし始める。

しかし大部分の観客はというと、残念ながら日頃の発掘現場の疲れもあってかお休みの最中だ。みんなグー、グーと良く寝ている。車窓に広がる現地の雄大な風景も眼にすることなく、カーテンを閉めきり安心しきって寝ている。地下鉄で寝ている日本人が多いと海外で報道されるが、まさに同じ光景が展開されている。

日本人はせっかちでチョコチョコと働き蜂のように動いていると良く言われるが、これはまったく一面的だ。こちらの人たちはこと集中ということに関すると、私たちが到底マネできないように本当に集中する。また、現地のヨーロッパ人相手のツアーは行動も速く、説明も熱心で質問が飛びまくる。日本人のツアーなどとは違う。現地ツアーに参加したら、日本人の一般的なツアーといかに違うかということが理解できるだろう。

確かに日本人の学生は完全に休日モードとなっている。ゆっくり喋りながらノッタリ、クッタリとし、チンタラと動いている。

現地に到着し、バスを降りると早速に杖をもち、あるときはモーゼのように先導をし、あるときは追い立てる。しかしモーゼに率いられ、エジプトを脱出したヘブライの民と同様、なかなか言うことを素直には聞けない。ついていく方は楽かもしれないが、多数を率いるリーダーはとても大変である。

彼は説明をしながらまた次の場所へ移動していく。ワンダーフォーゲルのようだ。ボランティアがちょっとでももたつくようなものならイライラし、杖を振りかざしながら「ファスター」の声が飛んでくる。この言葉は彼の口癖でもあった。一日に数え切れないほど降ってくる。だが何年間か付き合う内に諦めてきたのか、あるいは順応してきたのか次第に数は減ってきた。
その彼が珍しくイラついていた年があった。思えば、その年に不治の病を発病したのだ。

(2) ゴラン高原の石工ドルーズ

日本人が最も好きな音楽家の一人が、ウォルフガング・アマデウス・モーツァルト（一七五六～一七九二）であろう。

彼はフリー・メイソンのメンバーに入っていたし、最晩年の作品『魔笛』の脚本家シカネーダーもメンバーだ。日本では長崎のグラバー邸で知られるトーマス・グラヴァー（一八三八～一九一二）もフリー・メイソンであった。

モーツァルトの時代だけではなく、今日でもフリー・メイソンは活動している。イスラエルのテル・アヴィヴ市内にある日本大使館が入っている建物の前にも、立派な会館が建っている。

古来より職人たちは一子相伝で様々な技を伝えてきた。自分たちの秘伝を他に漏らさないためでもあったのだが、奥義はこうして伝わっていった。これは日本の職人でも同じことで、剣術、華道、茶道などもその延長にある。無事に奥義を会得できたら、皆伝ということになろう。

さて、フリー・メイソンはメイソン（石工）という言葉から分かるように、石工が用いる独自の符合を合い言葉にしたが、それから派生してきたクラブと考えればわかりやすい。本来はフリー・ストーン・メイソンといい、石積みではなくアーチなどの積み方を言った。特殊技能者で、中世は教会建築などに活躍した職能者であった。

そして、その石工がゴラン高原にいるドルーズ族だ。彼たちは石の扱いに長けるという技術を活かし、イスラエル国内の考古学の発掘作業にスペシャリストとして無くてはならない人も多い。実際、彼らは良く働く。私たちも、ドルーズ族の人たちに発掘作業を手伝ってもらっている。

作業の合間に話をすると、ゴラン高原に住む彼らも日本の正確な位置は知らなくても、被爆国日本は承知している。

アメリカによる広島・長崎の原爆投下はイランの大統領も言及し、テロリストと目されていたビン・ラーディンもテロ行為となじっている。長崎・広島は世界の人の関心でもある。長崎・広島の人は別として、一番関心が薄いのは無差別的な被害を受けた当の日本人かもしれない。

石を叩き割るドルーズ族

知っている部分と知らない部分とが微妙に交差しているのも文化の差である。違った世界にいると様々なことを考えさせられる。

彼らの特技である石を割るのは「石の目を読む」と言うように、経験と観察に基づく特殊な才能が必要である。彼たちは実に簡単に石を割る。普段は差配ばかりしているのだが、親方の腕は確かに抜きんでて見事な技だ。力任せにやるより、目を見ることが最も大事なのだ。ウソのようにパカーンと割れてしまう。

日本では熊本の「肥後の石工」と呼ばれた人たちもドルーズ族と同じだ。阿蘇山が噴出した火山岩がある一帯に暮らす。

大規模な都市建設を行った古代ローマもゴラン高原にいるドルーズ族を重用し、様々な建築を造るのに使ったと聞く。「肥後の石工」

は凝灰岩《ぎょうかいがん》を利用し、ドルーズ族は同じく玄武岩の扱いに長けている。いずれも匠の技を保持しているのは間違いない。

だが、石工で生きてきたドルーズ族の技も継承されにくくなってきた。若い人はシリアの大学に進学する人もいて、医学部の学生となっている人もいる。

発掘の手伝いにやってくるが、お年を召した方々が骨身を惜しまずに一生懸命に仕事を頑張るのに比べ、肉体労働をあまり好まないのか今ひとつである。これは世界的傾向かもしれない。

彼たちの置かれた立場は微妙なのだ。イスラエル占領下のシリア領ゴラン高原が住まいであり、レバノン国境付近にも多い。イスラエルが占領したものだから、シリアとイスラエルに別れてしまった人も出てきた。戦争による分断は、民族ごとの住まいに関係なく一方的に引かれてしまう。

シリアの主流であるイスラム教徒にとっても彼らはイスラムの異端と考えられているので、関係はあまり芳しくない。

とある年のエクスカーションのバスのドライバーは、ドルーズ族出身者であった。日曜日の夕方、ガリラヤ湖の南端、ヨルダン川の流れ出しの近く、バスがあと一息でエン・ゲブに到着するところで、運悪くスピード違反の取り締まりにあってしまった。

自分がそういう目に会ったなら一日楽しかったことが消えてしまい、ガッカリしてしまうはずだ。気の毒に思い、隊から少し多めのチップを渡したら彼はとても喜んでくれて、自宅に招待したいと言ってきた。

車で二時間ほどかかるが、早速出かけることにした。村の近くにはリンゴ畑がいっぱいに広がっており、特産品となっている。

自宅に行ったら家族総出の大歓迎を受け、コイをはじめとするお魚料理がたくさん出てきた。食後のコーヒーもまたけっこうだった。こんなにご馳走したのでは、罰金の方が安いのではないかと思ったほどである。人はやはり気持ちなのだ。

彼の話だが、ドルーズは輪廻を信じているという。例えばお爺ちゃんが亡くなった後、近所に子供が生まれたら「あの子は生まれ変わりだ」と思うそうだ。死者も救われるし、生きている人も救われる。

いずれゴラン高原はシリアに返還することになろうが、彼たちはイスラエルで働くことを望む人も多く、イスラエル軍に従軍し、政党も保守党のリクードに入っている。

しかし、イスラエルは国内にイスラム教徒の存在は認めてはいるが、本音としてはユダヤ教徒重視政策に変わりなく、ドルーズ族は子供達に生きるために進学させ、高等教育を受けさせているのだろう。

これはかつてのユダヤ人も同様で、土着化することなく彼たちもいち早く都会化した。子供達は経済人、あるいは文化人になった。石工のスペシャリストとして名をはせたドルーズ族も同じ道を歩むのであろうか。

(3) 考古学にロマンを求めて

テル・アヴィヴ大学で「日本人論」というテーマで、日本で水商売についていたとあるイスラエル女性が講演をおこなった。

その話の内容たるや「日本人は好色で……などなど」日本人が聞いたら怒り出すかもしれない。自らの体験からか、日本人は信用できないということだったそうだ。自分が体験した結果、そのように思うのも本当であり、これまた一面の真実なのである。

大学でその講演をたまたま聴いていた、私たち日本隊の発掘に参加していたイスラエルの女性、彼女は「私が知っている日本人はそんな人たちでは決してありません」と猛抗議したそうだ。こちらも嬉しくなってしまった。

今は保育士だが、このとき彼女オルナはテル・アヴィヴ大学に所属するママさん大学院生であった。ご主人はコンピューター関係の会社に勤めており、趣味はカメラだ。可愛いお嬢さんアタリアも発掘に参加する。

手伝いといってもアルバイトではなく、ボランティアとしての参加だ。だから泥まみれ、汗まみれになってくたくたになってもお金を一切貰うことなく無償奉仕である。お母さんは本当に嬉々として発掘をするが、お嬢様はお付き合いでしょうがなしといった感じだ。女子学生が遊んであげたら、大喜びしてテルの周りを走り回っていた。まだ遊びたい年頃のはずである。

その彼女に「考古学をどうして好きなのですか。汗にまみれ泥だらけになって発掘するのは面白いですか」と訊ねたら、こんな答えが返ってきた。「人生はあまりにも短い。それに引き替え、とても古い遺跡を発掘するのは悠久のロマンを感じます」とのことだった。

何という美しい言葉だろうか。思わず胸がジーんとしてしまい、言葉を返すことができなかった。

これでもロマンチストを自認する私だが、常日頃、日常の糧として仕事として従事していると、雑用にかまけて本来の意味を見失うこともしばしばである。こうしたことを思い起こすのもボランティアで手伝ってくれる人たちとの触れ合いだ。

私もかつて一片の土器を手に持って、それに触れて遠い過去に想いを馳せたものだ。作っ

発掘チーム（日本聖書考古学隊）

た人の指紋も分かるときがある。それを触ると古代の人にも親しみを感じられる。人の息吹を伝えるような学問でないといけない。

改めて考えさせられる言葉であった。土の中から耳を澄ますと、確かに古の人々の息吹が感じられる。これがあるからやれるのだ。

好奇心を持ったアマチュアとして出発し、アマチュアリズムの精神でおこなうというのは何の世界でも同じかもしれないが、学問でも絶対にアマチュアリズムを堅持していきたいものである。

いつも私はブツクサ言うが、プロというのはやはり堕落の始まりであるかもしれない。学問を愛する気持ちにプロもアマチュアも変わりはない。

学問を生きるための道具にしているのは良

いことではないかもしれない。気持ちだけはしっかりとアマチュアリズムの精神でやらなくてはと、考えさせる話だ。

こちらの方がしっかりと教えられる話で、これだけでも発掘に来た甲斐があったというものだ。自らの原点を顧みる必要があろう。

(4) 国際性とはいかなるものか

イスラエルの人が日本にやって来るということは一般的にはあまり知られていないかもしれないが、イスラエルの若者で日本に滞在したことがある人は意外に多い。

しばしば街角で雑貨などを売っているヨーロッパ系とおぼしき外国人がいるが、その中にはイスラエルからやってくる人たちも多い。日本で稼いで、再びイスラエルへと戻っている。試しに「シャローム」、つまり「こんにちは」と言って見たらよい。「あーあ」とビックリする顔が浮かぶはずだ。

イスラエルで「来年、日本に行きます」といった若者に出会うことも多い。彼らにとってけっこう身近な国日本でもある。

その日本に、「ユダヤ人街頭露天商組合」なるものも存在するし、そうしたことを研究している知り合いの民族学の研究者もいる。

東京の上野公園では、イスラエルの人とイランの人が共存している。イランの人も日本とはお互いに短期のビザ免除があって日本にやってくる人がとても多い。国際的にはイスラエルとイランは国と国の関係では最も緊張しているが、ここが利害関係の無い日本だからであろう。

とある国際情勢も不安な年、「日本人は今年二人目です」と言われたレストランで食事をした折り、日本の鹿児島、宮崎にしばらくいたという宮崎弁を話すとてもキュートで可愛いウェイトレスと方言を交えた会話を楽しみ、お腹をさすって大満足であった。

彼女は「何十年もイスラエルに来ているのに、ヘブライ語はまったくできないのですか」と、こちらを見ながらとても不思議のまなざしを向ける。

同じく、モッシェ・コハヴィ教授も来日して日本での講演時「私は、残念ながら日本語ができませんので、英語でお話をします。イスラエルにいらしている先生方もヘブライ語がおできにならない方々も多いので、お許し下さい」とにこやかに挨拶された。

居直るつもりはないが、相手の年齢、出身学校、所属する組織の名前、地位は直ぐに理解するが、言葉と個人名、顔をなかなか覚えられないのは日本人的特徴だと思う。それだけ内的ストレスはあるものの、外的ストレスの無い社会であったのかもしれない。

あちらこちらと始終出かけている割には言葉があまり達者でない私も、最低挨拶は現地語でといつも心がけているが、私が言う前に「おはようございます」と日本語で言われてしまう。

パレスティナ人では挨拶程度は別としてさすがに日本語を話せる人はあまりいないが、アラビア語、ヘブライ語、英語、フランス語、ドイツ語を話す人は多い。これはその国と否応なく付き合わざるを得なかった証拠でもある。

自分の国で何とでもなるところは自国語しか話せない人が多い。ある意味では幸せなのだ。他国に侵略された経験があまり無いからなのである。アジアでは東南アジアのタイなどもそうである。

最近は少し変わったが、アメリカ人もまさにそうだろう。アメリカで外国語を喋れる人は相当な人である。

現地の言葉を覚えるにこしたことはない。英語でしかお互いに意思疎通をさせることができないとは悲しい話だ。

ウェイトレスの彼女は日本にいたとき、日本人男性と辛い目にあったのか、不信感いっぱいだった。先の講演者の彼女と同様に「日本人男性は信用できない」と言う。

繰り返すことになってしまうが、自分の体験したことがそのまま日本人論になる。気をつ

現地の子供たちも頑張る（日本聖書考古学隊）

けなければならない。お客様は大事にしたい。だから、観光で訪れる人々にも良い気持ちで帰ってもらいたい。

国家と国家の問題、それは民族間も同じだが、究極的には個人間の問題になるのである。個人の間に結んだ信頼感というのはとても大事になってこよう。本当の友達を多く作るのが、国際間でもより必要だ。

人との距離が遠ざかりつつある現代こそ、肝に銘じなければならない。自分の心を開く事こそ大事な事になろう。

かつてと違い、社会も経済も民族・国を簡単に乗り越えて遙かに複雑に絡み合っている。好きでも嫌いでも人は残念ながら孤立はできないのだ。日本もまた同じで、隣国はいろいろな問題が起ころうとも隣同士は変えられない。共存するしか道はない。アラブ、ユダヤ間も同じであろう。

おわりに

本文中にもしばしば登場するが、一九九〇年以来、とてもお世話になっていたイスラエルの現地スタッフであるギル・コーボ氏が、病気のため二〇〇二年七月、志半ばで他界されてしまった。長男ミハエル君誕生の喜びも束の間、四三歳の若さであった。

二〇〇三年、住まい近くのカイサリアの墓地で一周忌が行われ、イスラエル調査の合間をぬって彼の墓地を訪れた。エン・ゲブ遺跡からもってきた石を周りに巡らしてあった。思わず目頭が熱くなる。ご健在な彼のご両親に挨拶をし、「来ていただいて、どうもありがとうございます」と目にいっぱい涙を溜めて言葉をかけられたが、悲しさがいっぱい。

風貌、喋り方からローマ皇帝の威厳を持っていた。皆が付けた「カエサル」のニックネームが実にピッタリだった。しかしとてもきめ細やかな気配りをする心根の人でもあった。「来年また会いましょう」と別れたときはあんなに元気だったのに、未だに信じられない。日本隊が慣れない地でスムーズに調査を行えたのも、週末のエクスカーションがとても楽しかったのも彼のお陰である。

現地で調査をしていると、「平川さん」と言いながら、今にもその辺りから彼の姿がヒョッコリと出てきそうであった。

彼のいないイスラエルはとても寂しい。国情様々あるが、国と国の関係も最終的にはやはり個人と個人の関係だろう。その人のもつ人間性が基となることを実感している。

また、日本人スタッフのプール学院大学の定形日佐男先生も、寄しくもギル・コーボ氏と同じ二〇〇二年、クリスマス間近の十一月、職場の帰り交通事故のため帰天された。ボランティア係として、実に細やかに学生の世話をしていた姿が目に焼き付いている。

二〇〇八年、長い間御指導していただいていたテル・アヴィヴ大学のモッシェ・コハヴィ先生も他界された。日本隊とは六〇年代からのお付き合いであり、若い頃は日本隊とも相当やりあったとも聞く。

しかし、エン・ゲブの発掘調査が始まった頃はとても温厚で、アメリカのアニメ王ウォルト・ディズニーのようなお顔であった。

二〇一八年には、私をエン・ゲブ遺跡発掘調査にお誘いいただき様々なご教示をいただいた金関恕先生も帰天された。

皆さんイラクによるクウェート侵攻の起こった年から、湾岸戦争をくぐり抜け調査をしてきた長い付き合いだ。一緒に過ごした彼の地の調査での楽しい思い出が、今も鮮やかに浮かび上がってくる。

私の怠慢と遅筆もあっていささか遅くなってしまったが、ご冥福をお祈りし当地での触れ合いを祈念してこのささやかな本を献呈いたします。

昨今、世界がコロナ問題も含めて大揺れに揺れている。ただし、希望も生まれている。アラブ首長国連邦などとは国交が樹立されるというように多少風向きは変わりつつある。ただし、パレスティナの犠牲の上で果たして欲しくはない。

何事も前向きに進めるしか未来はない。この国には実に様々なものがある。世界に影響を与えた一神教の背景を知るだけでなく、実に興味深い地域なのだ。ごくふつうの感覚で旅行できれば最高である。きっと願いは近い内に叶うであろう。

繰り返すがこの本は民族学、考古学の専門書ではなく、言及しないものも数多くあるが、いささかなりともこの地を知る手助けになれば望外の喜びだ。より専門的な参考、関連文献も記しておくので、そちらを参考にしていただきたい。

それではヘブライ語でシャローム、アラビア語でアッサラーム・アレイクム、英語でピース、日本語で平和を。

参考・関連文献

少なからず洋書もあるのだが、和書のみの記載とした。（あいうえお順）

イガエル・ヤディン／田丸徳善訳・一九七五、『マサダ』、山本書店
イガエル・ヤディン／石川耕一郎訳・一九八六、『ハツォール』、山川出版社
池田裕・一九九六、『古代オリエントからの手紙　わが名はベン・オニ』、LITHON
市川裕・二〇〇四、『ユダヤ教の精神構造』、東京大学出版会
市川裕・二〇〇九、『ユダヤ教の歴史』宗教の世界史七、山川出版社
市川裕・二〇一九、『ユダヤ人とユダヤ教』、岩波書店
小川英雄・一九八〇、『聖書の歴史を掘る』、東京新聞出版局
小川英雄・一九八九、『イスラエル考古学研究』、山本書店
ウェルネル・ケラー／山本七平訳・一九八四、『歴史としての聖書　増補版』、山本書店
共同訳聖書実行委員会・一九八七、『聖書新共同訳』、日本聖書協会
ケネス・E・ベイリー／森泉弘次・二〇一〇、『中東文化の目で見たイエス』、教文館
宗教史学研究所・一九八五、『聖書とオリエント世界』、山本書店
杉本智俊・二〇〇八、『図説　聖書考古学　旧約篇』、河出書房新社。
シュロモ・サンド／高橋武智監訳・二〇一〇、『ユ

ダヤ人の起源』、浩気社

ルート・シルキス・二〇〇〇、『人気料理　イスラエル二〇〇〇』、Sirklis Publishers Ltd:Ramat-Gan

高橋正男・一九九六、『イェルサレム』、文藝春秋

高橋正男・一九九八、『死海文書』、講談社

デニス・ベイリー／左近義慈・南部泰孝・一九七七、『聖書の歴史地理』、創元社 東京。

月本昭男・一九九四、『目で見る聖書の時代』、日本基督教団出版局

月本昭男他編・二〇〇九、『エン・ゲブ遺跡』、LITHON

月本昭男監修・二〇〇九、『聖地エルサレム』、青春出版社

西山清・一九九八、『聖書神話の解読　世界を知るための豊かな物語』、中央公論社

モシエ・パールマン／小野寺幸也訳・一九八七、『聖書の発掘物語』、山本書店

平川敬治・一九九〇、「旧約聖書時代の遺跡エン・ゲブについて」『浄水通カトリック教会だより』

平川敬治・一九九一、「聖書と遺跡　人類最古の都市エリコ」『浄水通カトリック教会だより心の泉』

平川敬治・一九九一、「イスラエルの人々　ペトロの後裔」『浄水通カトリック教会だより心の泉』

平川敬治・一九九一、「聖書と考古学」『浄水通カトリック教会だより　心の泉』福岡。

平川敬治・一九九六、「オリエントのフィールドノートから―食のタブーの起源に思うこと」『地域文化研究所紀要』第一一号、梅光女学院

大学
平川敬治・二〇〇一、『カミと食と生業の文化誌』、創文社
平川敬治・二〇〇七、「聖書考古学のお話」『カトリック西新教会だより　ともに』
平川敬治・二〇〇七、「聖書考古学のお話(二)」『カトリック西新教会だより　ともに』
平川敬治・二〇〇八、「イスラエル　ガリラヤ（キネレット）湖を中心とする漁撈活動の歴史的展開」『九州と東アジアの考古学』、九州大学五〇周年記念論文集刊行会
平川敬治・二〇一一、『魚と人をめぐる文化史』、弦書房
平川敬治・二〇一一、「魚と肉、米と麦〜東西文化が交差する海峡の街イスタンブール」『鍼灸』一〇三、森ノ宮医療学園出版部
平川敬治・二〇一二、『タコと日本人―獲る、食べる、祀る』、弦書房 福岡。
平川敬治・二〇二〇、『魚食から文化を知る―ユダヤ教、キリスト教、イスラム、そして日本―』、鳥影社
平川敬治・二〇二二予定、「魚とキリスト教」、『置田雅昭先生追悼論集』
牧野久美・二〇〇七、『イスラエル考古学の魅力』、ミルトス
P・K・マッカーター・ジュニア他／池田裕・有馬七郎訳・一九九三、『最新・古代イスラエル史』ミルトス

〈著者紹介〉
平川敬治（ひらかわ　けいじ）

1955 年福岡生まれ。九州大学教育研究センター講師他、社会人学習講座の講師などを歴任。考古学・地理学・民族学を専攻し、自ら足を運ぶことをモットーに地域の香りのする総合的な比較文化の構築を目指す。主なフィールドは日本を含めた東アジア、西アジア、ヨーロッパで調査を続行中。1983 年よりイスラエルで調査を続ける。

主な著書

『考古学による日本歴史』（共著、雄山閣出版、1996 年）、『カミと食と生業の文化誌』（創文社、2001）、『遠い空　國分直一、人と学問』（共編海鳥社、2006）、『エン・ゲブ遺跡』（共著、LITHON、2009）、『魚と人をめぐる文化史』（弦書房、2011）、『タコと日本人』（弦書房、2012）『魚食から文化を知る』（鳥影社、2020）など。

民族学・考古学の目で感じる世界
―イスラエルの自然、人、遺跡、宗教―

2023年1月26日初版第1刷発行
著　者　平川敬治
発行者　百瀬精一
発行所　鳥影社 (choeisha.com)
〒160-0023 東京都新宿区西新宿3-5-12トーカン新宿7F
電話 03-5948-6470, FAX 0120-586-771
〒392-0012 長野県諏訪市四賀229-1（本社・編集室）
電話 0266-53-2903, FAX 0266-58-6771
印刷・製本　シナノ印刷

ISBN978-4-86265-991-0 C0039